WIDMUNG

Für alle Menschen,
die einander
nicht länger
fremd sein wollen.

*Das vollständige Verlagsprogramm
des Galli Verlags können Sie im
Internet unter www.galliverlag.de
nachlesen.*

ISBN 978-3-940722-23-2
1. Auflage 2009
Alle Rechte vorbehalten!

Lektorat: Daisy Jane Ehrlich, Harald Trede
Titelentwurf und Layout: Dr. Tatjana Mayer

Galli Verlag
Haslacher Straße 15
79115 Freiburg
Tel. +49(0)761-4013753
Fax +49(0)761-4013754
eMail: verlag@galli.de
www.galli.de, www.galliverlag.de

© Galli Verlag

INHALT

VORWORT DES AUTORS

Überall, wo der Mensch sich niederläßt, will er Heimat bilden. Einerseits will er verschmelzen mit der Energie des noch fremden Landes, andererseits aber will er seine eigene Kultur, die er von Kindesbeinen an kennt, immer wieder aufs Neue erleben. Das stellt ihn vor Probleme.

Wie soll man lernen, das Fremde zu verstehen, ohne das Eigene zu verlieren?

Eine spannende Frage, der ich im vorliegenden Buch begeistert nachgehe. Hier habe ich nicht nur Erlebnisse, die ich im Ausland hatte, dargestellt, sondern auch das Aufeinanderprallen verschiedener Lebenskulturen im eigenen Land.

Seit der Jahrtausendwende reise ich viel. Hierbei kommt es zwangsläufig immer wieder zu Begegnungen mit fremden Menschen und fremden Kulturen.

Es ist natürlich höchste Vorsicht geboten bei Verallgemeinerungen. Ich bin mir sehr wohl bewußt, daß es weder den Deutschen, noch den Amerikaner, noch den Chinesen gibt. Und trotzdem, irgendwie braucht man doch eine Orientierung, um sich in der fremden Welt zurechtzufinden.

So habe ich ausschließlich beschrieben, was mir selbst geschehen ist. Zum einen kann ich so die Kunst der Selbstbeobachtung verfeinern, zum anderen kann ich der Leserin und dem Leser Situationen anbieten, die sensibel interkulturell gedeutet werden müssen. Integration ist das Schlüsselwort, das heutzutage viel gebraucht, aber selten angewendet wird.

Es sind die enormen Mißverständnisse, die es uns so schwer machen, andere Kulturen zu verstehen. Wir glauben, die Welt sei so, wie wir sie in unserer Kindheit kennengelernt haben. Wir glauben, alles sei so, wie wir es in unserer Kultur wahrnehmen. Häufig verfallen wir dem furchtbaren Irrtum, so, wie wir es kennen, sei es richtig, und was andere machen sei falsch. Dies führt zu verhängnisvollen Handlungen, die die Menschheit immer wieder in Kriege und andere Abgründe stürzen.

Wir müssen lernen, uns vorbehaltlos neuen Kulturen zu öffnen. Es ist lohnend, über den eigenen Tellerrand zu blicken, denn dieser Blick eröffnet eine Welt, die durch ihre schier unglaubliche Vielfältigkeit einen Hauch Ewigkeit versprüht.

Johannes Galli

Kulturschocker

DER BALLHOLER ODER: WIE ICH AUF EINMAL DAZUGEHÖRTE

Viel wird über Integration geschrieben. Gerade jetzt im Zeitalter der Globalisierung werden Forderungen immer lauter, andere Kulturen zu integrieren. Überall werden Trainings angeboten, in denen geübt werden kann, wie man sich in einer fremden Kultur zurechtfindet. Dort kann man dann lernen, wie man sich in fremden Kulturen verhalten muß, um dort vorteilhaft zurechtzukommen.

Auf keinen Fall möchte ich mich dieser Welle anschließen. Sondern ich möchte einfach eine Geschichte erzählen und hoffen, daß diese schlichte Geschichte in ihrer Tiefe erkannt und daß die Botschaft, so unspektakulär sie auch sein mag, verstanden wird: Demut öffnet die Tür zu jeder Kultur.

Ich war fünf Jahre alt und wie viele Jungs in meinem Alter wollte ich unbedingt Fußball spielen. In einem kleinen Dorf am Rhein lebte ich mit Eltern und Großmutter in gegenseitiger Eintracht zusammen. Nur hie und da trübten Erziehungsversuche meiner Eltern unser harmonisches Zusammenleben.

Mein kleines Heimatdorf hatte zwischen sich und dem Rhein, der mein Dorf nach Süden hin harsch begrenzte, einen schönen Fußballplatz. Dort wollte ich unbedingt Fußball spielen lernen. Denn Fußball spielen Können war, so glaubte ich damals, der Schlüssel, um zur Erwachsenenwelt dazuzugehören.

Das ging aber alles nicht so einfach, denn ich war deutlich jünger und kleiner als die anderen Stammspieler. Die Stammspieler waren so zwischen zehn und fünfzehn Jahre alt und also im Vergleich zu mir Riesen an Körper, Verstand und Fußballkompetenz.

Stundenlang stand ich am Spielfeldrand und schaute ihnen sehnsüchtig zu in der Hoffnung, daß einer dieser Jungs mich ins Spiel hineinwinken würde. Dann erst könnte ich ihnen überzeugend zeigen, daß ich schon längst zu ihnen gehörte.

Auch andere kleine Jungs standen wie ich sehnsüchtig am Spielfeldrand und warteten auf den großen Moment, der aber natürlich nicht kam.

Wann erfüllt sich denn schon einmal ein spontaner Wunsch, vor allem, wenn er obendrein noch absurd ist?

Da kam mir eine Idee. Ich weiß nicht woher. Aber sie muß aus den Tiefen meines Gemüts in mein Bewußtsein aufgestiegen sein.

Diese spontane Idee barg viel Wissen und große Erfahrung in sich. Schon immer habe ich mich gefragt, wo diese Ideen, die man plötzlich hat, herkommen. Diese Frage ist nicht einfach zu beantworten. Also will ich eine andere Frage stellen, deren Beantwortungspotential größer ist: Wieso kann ich mich ausgerechnet an diese eine Idee erinnern, die ich vor über fünfzig Jahren hatte? Hatte ich damals schon ein Instrument in mir, das in der Lage war, wichtige Ideen von unwichtigen zu unterscheiden? Hatte ich damals schon ein Instrument in meinem Bewußtsein verankert, das es mir ermöglichte, Alltagsideen und wegweisende, lebensbestimmende Ideen auseinanderzuhalten?

Vielleicht ist es opportun, gerade an dieser Stelle auf die mögliche Existenz einer Seele hinzuweisen, die schon viel Wissen und Erfahrung mitgebracht hat und also in der Lage ist, tiefe Ideen von den flachen Alltagsideen, die kurz nach Erscheinen schon wieder dem ewigen Vergessen anheimfallen, zu unterscheiden.

Nun muß ich mich aber wirklich zügeln, denn eigentlich war ich doch angetreten, um eine kleine Geschichte zu erzählen, nicht aber um über Existenz und Funktion und Beschaffenheit einer Seele zu spekulieren.

Meine Idee kam wie alle guten Ideen einfach und schlicht daher. Sie empfahl mir, daß ich mich hinters Tor stellen sollte.

Um dort was zu tun?

Richtig!

Die Bälle holen!

Meistens spielten die großen Jungs auf ein Tor und bolzten so einiges daneben. Da das Tor kein Netz hatte, waren auch Torschüsse, die der Torwart nicht halten konnte, Opfer der hinter dem Tor wuchernden Wildnis. Dort nämlich wuchsen Unkräuter in allen Höhen und Dichten, außerdem auch noch Sträucher und Bäume.

Meist verhakte sich der verschossene Ball in Sträuchern und Unterholz, so daß es immer mit einer ziemlichen Mühe verbunden war, ihn aus seinem strauchig hölzernen Gefängnis herauszuschälen.

Es galt bei den fußballspielenden Jungs bis zu

meinem Erscheinen auf der Bildfläche das eherne Gesetz: Wer den Ball verschossen hat, der muß ihn auch holen. Erfolgreiche Torschüsse, also die der Torwart nicht gehalten hatte, mußte dieser selbst holen. Das gab immer wieder unangenehme Spielunterbrechungen. Aber es war nun einmal nicht zu ändern, oder?

Getrieben von dem innigen Wunsch, mitspielen zu dürfen, war ich mir nicht zu schade, mich als Ballholer anzubieten. Es war doch selbstverständlich klar, daß sie den Ballholjob, den ich ihnen anbot, bereitwillig annahmen.

Mein Arbeitsbeginn verlief wortlos: Ich stellte mich hinter das Tor und wartete auf meinen ersten Auftritt.

An dieser Stelle sei es mir erlaubt, kurz für Laien das Fußballspiel zu erläutern. Zwar ist es in Europa, Afrika und Südamerika Nationalsport, aber dennoch ist nicht jeder mit diesem Sport vertraut. Vielleicht wandert dieses Büchlein eines Tages um die Welt und erreicht Leserinnen und Leser, die Fußball nicht verstehen.

Also: Los geht's!

Beim Fußballspiel versuchen zehn Spieler einen Lederball ins gegnerische Tor zu schießen. Fuß und Kopf sind erlaubt, Hand, Arm und Schulter nicht. Außer dem Torwart, der die Aufgabe hat, keinen noch so scharf und plaziert geschossenen Ball durchzulassen. Dieser besagte Torwart darf seinen ganzen Körper nutzen. Sieger ist, wer am Ende, also nach neunzig Minuten, die meisten Tore geschossen hat.

Jedem, der ein bißchen über das Leben und das Spiel und was das alles zusammenhält nachdenkt, fällt die enorm sexuelle Komponente des Spiels auf. Für die etwas zäheren Denker unter uns will ich hier nachhelfen: Männer versuchen mit ziemlicher Anstrengung, einen runden Lederball in eine Öffnung, die „Tor" genannt wird, hineinzuzwängen.

Immer noch nicht?

Nein, deutlicher will ich es nicht schreiben. Zumal ich damals im zarten Alter von fünf Sexualität weder wußte noch spürte. Da waren die fußballspielenden Jungs schon weiter entwickelt und sie machten oft Witze, wenn ein Mädchen vorbeikam, die ich nicht verstand.

Mit jedem Ball, den ich aus dem Gebüsch hervor zog, kramte, klemmte, letztlich aber zauberte, stieg ich in ihrer Anerkennung.

Vorsicht!

Dies darf man sich nicht so aufmunternd vorstellen, wie das hier hingeschrieben ist. Da fiel kein Wort, wenn ich den Ball aufs Spielfeld zurückschoß. Kein Danke! Man bemerkte mich offiziell nicht, aber inoffiziell erhielt ich hie und da einen aufmerksamen kurzen Blick, der Wertschätzung ausdrückte.

Wichtiger Hinweis: Ich schoß den Ball zurück aufs Spielfeld. Nicht warf, kugelte, rollte, schleuderte oder kullerte ich den Ball zurück, sondern wie eben erwähnt „schoß" ich den Ball zurück.

Sie sollten sehen, daß ich in der Lage war, die Basisbewegung des Fußballspiels durchzuführen. Den Ball hereinzuwerfen, wie es vielleicht ein völlig unbewußter und zielloser Ballholer getan hätte, fiel mir nicht im Traum ein, denn ich hatte doch einen Plan. Und alle Spieler auf dem Feld wußten, daß ich einen Plan hatte.

Meine anderen kleinen und ebenfalls wie ich ausgeschlossenen Freunde, die immer noch an der Seitenlinie des Fußballfeldes standen, blickten verächtlich auf mich. Sie verstanden nicht, daß ich ein solcher Speichellecker sei, der sich so erniedrigte, den anderen den Ball zu holen.

Dies aber störte mich nicht.

Obwohl ich noch nicht mitspielen durfte, begann ich langsam dazuzugehören.

Niemals nutzte ich meine steigende Machtposition aus. Ich hätte ihnen ziemliche Spielverzögerungen zufügen können, wenn ich beim Ballholen getrödelt hätte.

Nichts dergleichen!

Geschmeidig, gut gelaunt und vor allem demütig nahm ich meine Aufgabe an. Gleichgültig, wohin der Ball auch flog, ich suchte ihn, ich fand ihn und ich schoß ihn so plaziert ich konnte zurück. Ja, ich rackerte und schuftete und holte alles aus mir heraus. Denn ich hatte ein Ziel: Ich wollte zu ihnen gehören.

Kostete es, was es wollte!

Ich wollte unbedingt Mitglied der Fußballmannschaft werden. Dort war das Leben! Und ich mußte doch zum Leben, oder? Darum ging es doch im Leben, daß jeder in dasselbe hinein wollte!

Aber noch war es nicht soweit.

Immer noch war Demut gefordert. Je weniger sie selbst den Ball holen mußten, um so mehr schossen sie daneben und um so mehr mußte ich den Ball holen und um so mehr mußte ich in den Büschen herumkriechen, um den Ball herauszuzerren und souverän zurückzukicken.

Geschickt mußte ich vorgehen, denn keinesfalls

durfte ich sie daran gewöhnen, daß sie in mir einen gefunden hätten, der sein ganzes Glück darin sähe, ihr Ballholer zu sein. Sowohl in meinem Gesichtsausdruck als auch in meinem unwirschen Zurückgekicke symbolisierte ich eine gewisse Unzufriedenheit mit meinem Job. Ich bemühte mich allerdings konsequent, nie aufsässig zu wirken.

Professioneller Ballholer mit enormen Karrieremöglichkeiten wollte ich sein.

Dann kam es, wie es kommen mußte und von mir heftig herbeigesehnt worden war.

Eines schönen Tages stellten die großen Jungs zu Beginn ihres Fußballspiels wieder zwei Mannschaften auf und siehe da, es fehlte einer.

Mir blieb die Luft weg.

Denn da war sie, meine Chance.

Ich schaute nicht hin, denn ich spürte, daß im Moment mein Schicksal zur Disposition stand.

Auf keinen Fall wollte ich mit meinem Ego in mein Schicksal eingreifen.

Dann kam endlich der Satz, den ich mir ebenso heftig ersehnt wie bitter erarbeitet hatte: „Dann spielt der Kleine eben noch bei euch mit!", sagte einer der größeren Jungs, der Autorität hatte.

Dieser Kleine, den er gemeint hatte, war ich.

Nun gehörte ich dazu!

Und nun begann mein Leben, denn nun war ich mitten drin im Leben. Im Fußballspiel stand ich meinen kleinen jungen Mann und von nun an gehörte ich dazu. Und den Ball habe ich nur noch geholt, wenn ich ihn selbst verschossen hatte.

Bis hierher kann ich die Frage des einen Lesers oder der anderen Leserin hören, was denn diese Geschichte bitteschön mit Integration verschiedener Kulturen zu tun habe. Die herrschende Meinung schlägt doch vor, daß die andere, die fremde Kultur sich der eigenen Kultur anpassen müsse...

Vorsicht! Das ist nicht Integration, sondern Machtspiel. Mir geht es aber nicht um Macht, sondern um Integration, deswegen mein unpopulärer Vorschlag, der rund fünfzig Jahre später auf der Ballholererfahrung von damals beruht: Anstelle die Anpassung fremder Kulturen an die eigene zu fordern, wäre es da nicht vielversprechender, wenn wir uns demütig an die fremde Kultur anpaßten?

KALTE ENTE

Im jungen Alter von siebzehn Jahren hatte ich den ersten Kontakt mit einem Amerikaner.

Diese im Folgenden aufnotierte kleine, unbedeutende Geschichte zeigt dem, der unbedeutende Geschichten deuten kann, die enorme Kluft, die zwischen dem amerikanischen Menschen und dem deutschen Menschen beziehungsweise dem Europäer klafft.

Erste Erlebnisse sind prägend. Aus diesem Grunde möchte ich diese Geschichte schildern, bei der ich nur am Rande Handelnder war. Im Wesentlichen war ich nur Beobachter. Aber in diesem Erlebnis wurde mir die besagte Kluft zwischen den beiden eben beschriebenen Welten sehr deutlich bewußt.

Wieder einmal hatte ich beschlossen, die Sommerferien nicht zur Erholung zu nutzen, sondern ich wollte arbeiten, um eigenes Geld zu verdienen.

In meinem kleinen Heimatdorf Erbach im Rheingau beherrscht das gewaltige Schloß Reinhartshausen einen Teil des Ortes. Dieses wuchtige Schloß eines ehemaligen preußischen

Prinzengeschlechts besaß enorme Ackerflächen, auf denen Reben zu einem hervorragenden Wein gediehen. Von dem hier eben in groben Zügen vorgestellten Weingut Schloß Reinhartshausen wurden den Sommer über Hilfskräfte für die Arbeit im Weinkeller gesucht.

Da ich Geld immer gut gebrauchen konnte, sprach ich dort vor, und da ich jung und gesund war und einen arbeitswilligen Eindruck hinterließ, wurde ich für sechs Wochen angestellt. Außerdem war ich der einzige Bewerber gewesen.

Ich liebe das prickelnde Gefühl, frei und unabhängig zu sein, und das ist für mich verbunden mit Arbeit, denn Freiheit ist nicht kostenlos.

Am nächsten Tag konnte ich bereits anfangen. Beim Kellermeister sollte ich mich anmelden. Also meldete ich mich beim Kellermeister an.

Mein direkter Vorgesetzter und auch mein einziger, Herr Roth, der nun schon mehrmals erwähnte Kellermeister, war streng und mir gegenüber enorm kritisch eingestellt.

Weil er mich mochte!

So sind wir Deutschen: Je mehr wir einen Menschen mögen, um so schärfer kritisieren wir ihn. Kein anderes Volk auf dieser Welt hat diesen merkwürdigen Charakterzug, der so verantwortlich ist für unser Bild, das wir nach draußen abgeben: Gut organisiert, undiplomatisch, harsch und humorlos.

Also nochmal, wir Deutschen lieben es, andere auch gerne öffentlich zu kritisieren und uns auf keinen Fall bei der Kritik zurückzuhalten. Subjektiv empfinden wir das als Ausdruck unserer Wertschätzung. Freundliche Worte und Schönreden sind dem Deutschen ein Greuel.

Wie gesagt, Kellermeister Roth mochte mich und hatte dementsprechend eine Menge an mir auszusetzen. Vor allem die Tatsache, daß ich Gymnasiast war und aus seinem Blickwinkel ein notorischer Faulenzer war, der nur die Zeit totschlug, war ihm ein Dorn im Auge. Hart ließ er mich immer wieder spüren, daß ich vielleicht denken konnte, aber nicht planvoll konzentriert effektiv und vorausschauend arbeiten.

Heute gebe ich ihm Recht, damals aber nicht.

Das Verhältnis zwischen Kellermeister Roth und mir steht aber in dieser Geschichte nicht im Vordergrund, ja, noch nicht einmal zur Debatte.

Nun will ich aber endlich nach etwas schwerfälliger Einleitung die Geschichte präsentieren, die das nicht immer leicht zu verstehende Deutsch-Amerikanische Verhältnis beleuchtet.

Eines Tages fuhr ein Amerikaner in einem mächtigen Auto vor dem Schloß Reinhartshausen vor. Der Wagen war ein unglaublich langer Straßenkreuzer mit Weißwandreifen und blitzenden Chromverzierungen allüberall.

Der Amerikaner stieg locker aus. Groß und schlank trug er graue kurzgeschnittene Haare und eine Piloten Sonnenbrille.

Da ich gerade herumstand, so möchte ich einmal das Umschalten von einem zu erledigenden Auftrag zum nächsten benennen, sprach er mich an.

In gut verständlichem Englisch, vor allem, weil er langsam sprach, fragte er nach dem „General Manager".

Als ich Kellermeister Roth gefunden und dem Amerikaner zugeführt hatte, fragte der Amerikaner sogleich den Kellermeister, ob der ihm diverse Spitzenweine verkaufen könne.

Kellermeister Roth rieb sich das Kinn und runzelte die Stirn und überlegte angestrengt.

Ich verstand sein Zögern: Wenn der Amerikaner den größten Teil der Spitzenweine aufkaufte, hätte er für alte und gute Kunden nichts mehr im Angebot. Wenn sich diese treuen, aber nicht so reichen Kunden dann doch mal was leisten wollten, dann wäre nichts mehr da und die treuen

Kunden wären bitter enttäuscht.

Wer enttäuscht schon gerne treue Kunden bitter?

Es war ein faszinierender Gegensatz: Auf der einen Seite der schlaksige Amerikaner, locker an seinen chromglitzernden Straßenkreuzer gelehnt, und auf der anderen Seite im blau-grauen Arbeitskittel der grübelnde bullige deutsche Kellermeister.

Ich wußte, daß es in dem viele tausend Weinflaschen fassenden Keller ganz hinten die Schatzkammer gab. So wurde der eisenvergitterte Verschlag genannt, in dem sehr wertvolle Weine lagerten, die Flasche für locker mal dreihundert bis tausend Mark.

Nach einigem Hin und Her, in dem herauskam, daß Roth nicht bereit war, über den Preis zu verhandeln, verkaufte der Kellermeister Roth schweren Herzens den Großteil seiner gesamten Schatzkammer.

Dies weiß ich deswegen so genau, weil ich die Flaschen erst einzeln und dann in Kisten verpacken mußte. Es waren Jahrgänge, die teilweise vierzig, fünfzig Jahre älter waren als ich: Trockenbeerauslesen, Spätlesen, Eisweine, kurzum Spitzenweine und sensationelle Seltenheiten.

So vorsichtig mußte ich verpacken, daß sich trotz

des kühlen Kellers Schweißperlen auf meiner Stirn so heftig bildeten, daß sie mir das Gesicht hinunterliefen.

Als ich alles ohne Panne nach oben transportiert und im Auto verstaut hatte, hatte der Amerikaner mit fettem Scheck bezahlt und fuhr davon. Mir winkte er freundlich zu. Er gefiel mir. Heute würde man sagen, er war cool. Damals sagte man, er war lässig.

Roth blickte erst auf den Scheck und dann in die Ferne, die war in diesem Fall der Rhein, auf dem in einiger Entfernung große Lastkähne rheinauf und rheinabwärts tuckerten.

Er war sich nicht sicher, ob er das Richtige getan hatte. Aber auf jeden Fall war der fette Scheck in seiner Hand ein gutes Argument dafür, daß er das Richtige getan hatte.

Vierzehn Tage später fuhr der Amerikaner wieder vor und wollte noch mehr Wein kaufen.

Kellermeister Roth wollte dem Ami, wie er ihn vor mir nannte, allerdings erst ein Gespräch über die erste Ladung köstlichster Weine reindrücken, bevor es zu weiteren Verhandlungen kommen sollte.

Zufällig stand ich in der Nähe, da ich mich wieder gerade im Übergang von einem Arbeitsauftrag zum nächsten befand.

So wurde ich Zeitzeuge eines Gesprächs mit katastrophalem Ende.

Um die Pointe des wilden Gesprächs zu verstehen, muß ich an dieser Stelle vorausschickend erklären, was Kalte Ente ist: Kalte Ente nennt man eine Art Bowle. Man mischt billigen Wein mit Früchten, verfeinert das Gemisch entweder mit Likör oder einem Schuß Schnaps, läßt das Ganze dann im Kühlschrank einen halben Tag lang stehen und serviert es dann eiskalt an milden Sommerabenden auf wilden Sommerfesten als Bowle. Dieses Getränk nennt man Kalte Ente.

Ich vermute, der Watschelgang der Ente stand bei der Namensgebung im Vordergrund. Zwei, drei Gläser dieses hochalkoholischen Süßgetränks und der Gang des beschwipsten Menschen gleicht dem der Ente...

Die pointengeschulten Leser werden sicherlich ahnen, wie das im Folgenden dargestellte Gespräch damals verlief.

Als Kellermeister Roth den Amerikaner fragte, wie ihm denn der Wein geschmeckt habe, antwortete der in gebrochenem Deutsch: „Wir hatten prima Kalte Ente."

Noch heute sehe ich Roths entsetztes Gesicht

vor meinem inneren Auge, das außergewöhnliche Momente meines Lebens speichert. Als Deutscher hatte er nie gelernt, seine Gefühle hinter Masken scheinbarer Freundlichkeit zu verbergen. Also sah ich, wie ihm langsam der Unterkiefer nach unten sackte, wie die Augen sich verengten, um den Gegner zu fixieren. Besorgt sah ich, wie sich seine riesigen Hände zu Fäusten ballten, seine Schulter zuckte, und ich sah, wie er im Geiste den Amerikaner zusammenschlug, sich aber dann durch eine enorme Anspannung der Kinnmuskulatur zusammenriß, um keine schlimme Straftat zu begehen.

Ich glaube nicht, daß der Amerikaner seine lebensbedrohliche Situation wahrnahm. Allerdings blickte er irritiert. Irgendetwas sagte ihm, daß hier etwas nicht in Ordnung sei. Und sogleich bestätigte sich seine Beobachtung. Kellermeister Roth explodierte in einem Schrei, der auch mir durch Mark und Bein fuhr. Den Schrei spontan selbst interpretierend formulierte Kellermeister Roth aufgebracht: „Raus! Verschwinde! Mach, daß du wegkommst, oder ich schlage dich zusammen!"

Der Amerikaner akzeptierte die körperliche Überlegenheit von Kellermeister Roth sofort, aber er verstand nicht, warum Roth so aufgebracht war. Er verstand es wirklich nicht.

Genau hier öffnete sich die Kluft zwischen der alten und der neuen Welt.

Der Amerikaner ist prinzipiell gewohnt zu tun, was er will. Unser Amerikaner im dicken Auto hatte den Wein legal erworben und war also frei, mit dem Wein zu tun, was er wollte. Von niemandem läßt sich der Amerikaner Vorschriften machen, die seine Freiheit beschneiden.

Nicht so der Kellermeister, der seine Wurzeln und Lebensumfeld in Deutschland hatte, das in den europäischen Kulturraum eingebettet ist.

Der Kellermeister sah sich einer Kultur verpflichtet, in diesem Falle einer Jahrhunderte alten Weinkultur. Diese Kultur besteht aus Gesetzen und Verhaltensvorschriften. Diese Verhaltensvorschriften, in unserem Falle, wie man teuren Wein genießt, schreiben genau vor, was zu tun ist. Sie stehen über dem freien Willen.

Beim Amerikaner steht nichts über dem freien Willen.

Weder ich noch Kellermeister Roth noch der inzwischen ziemlich erbleichte Amerikaner dachten diese interkulturell orientierten Gedanken damals.

Jeder stand dem anderen unversöhnlich gegenüber. Jeder handelte und fühlte aus seiner Kultur heraus. Auch ich ahnte damals nicht, daß ich diese kleine Geschichte eines Deutsch-Amerikanischen Konfliktes vierzig Jahre später aufschreiben sollte.

So standen wir drei noch eine kurze Weile ziemlich ahnungslos herum, bis der Amerikaner sich in sein fettes Auto setzte und so schnell davonfuhr, daß es staubte.

LEHRER SIND ÜBERALL

Nicht nur das Aufeinanderprallen fremder Kulturen ist bemerkenswert, auch in unserem eigenen Kulturraum können durchaus verschiedene Kulturen aufeinanderprallen.

Ich bin in Deutschland groß geworden, das Jahrzehnte lang politisch und militärisch scharf getrennt war in Ost und West.

Keinesfalls möchte ich behaupten, daß das, was ich damals in Erfurt erlebte, wesentlich die Kluft zwischen Ost und West beschreibt. Aber immerhin bildet diese Kluft den Hintergrund zu der Geschichte, die ich zu erzählen habe.

Erfurt. Geographisches Zentrum in Deutschland und ehemaliger Osten. Als die Geschichte spielte, war die Mauer schon zehn Jahre gefallen und es war immer noch winterlich, denn der Frühling wollte und wollte wie so oft in unseren Breitengraden einfach nicht kommen. Kaffee, Zigaretten und die Winterdepression hatten alle Gesichter, die ich sah, grau gefurcht. So wie sie gekommen waren, so huschten sie auch wieder verbittert in die Dunkelheit zurück. Graue Kleider an den bleichen Körpern, zu lang der Winter, zu lang und zu dunkel. Üble Laune allüberall.

Auf Parkplatzsuche war ich gewesen und nun fündig geworden, blinkte und schwupp wollte ich in die Lücke einparken, konnte aber nicht! Harsch trat ich auf die Bremse. Vor meinem erstaunten bis verärgerten Blick war ein schneller reagierender dunkelgrauer VW in die Lücke gestoßen. Zugegebenermaßen rief ich laut, ich glaube, man hätte es auch Brüllen nennen können: „Hey, ich war zuerst hier!"

Ich wußte nicht, ob die dunkelgraue VW-Fahrerin mich verstanden hatte, und also kurbelte ich die Scheibe runter und rief nochmal, zugegebenermaßen wieder sehr laut, daß ich zuerst hier gewesen sei. Auch diesmal hätte man es Brüllen nennen können. Da meine vom Schicksal mir zugewiesene Kommunikationspartnerin noch hochgekurbelt war, war es doch verständlich, daß ich verständnisbemüht so laut rief, daß man es auch hätte Brüllen nennen können. Schließlich wollte ich kommunikativen Kontakt mit ihr.

Während sie erwog, ob sie sich runterkurbeln sollte, schaute ich sie mir genauer an. Sie hatte dunkelblond graue dünne Haare, helle graue Gesichtshaut und ein Doppelkinn.

Erst zögerte sie, doch dann kurbelte sie sich

kommunikationsbereit herunter und sagte, mich harsch kritisierend: „Das könnten Sie auch freundlicher sagen."

Natürlich gab ich ihr spontan recht und sprach nun weitaus freundlicher. Das Leben hat mich gelehrt, flexibel zu sein. Wer etwas will, muß sich den Umständen beugen. Ich brauchte diese Parklücke, die Zeit bis zu meinem Termin, für den ich angereist war, war knapp. Also flötete ich diesmal recht freundlich lächelnd, wobei ich meine Zähne bloßlegte: „Hallo! Guten Tag erstmal!"

„Guten Tag!", antwortete sie ebenso freundlich.

„Also, ich war zuerst hier und also dachte ich, ich habe ein Recht auf..."

Da drehte sie sich um und erst jetzt begriff ich, daß ich bislang mit ihrem Hinterteil gesprochen hatte, das sie mir im Zuge ihres Aussteigeprozesses als Kommunikationsersatz angeboten hatte. Als sie ihre Tür abschloß, ahnte ich, daß ich wieder mal wie so oft in meinem Leben die Erfahrung gemacht hatte, daß man mit Freundlichkeit nicht weit kommt.

Ihr Entschluß stand fest: Aufgrund meines Formfehlers mußte sie nicht weichen und also wich sie auch nicht. Nicht zum ersten Mal in meinem

Leben spürte ich die schier unüberwindliche Macht einer lebenserfahrenen Frau.

Erst Stunden später fand ich dann einen anderen Parkplatz. Meinen Termin hatte ich nun umfassend versäumt und deswegen hatte ich den ganzen Nachmittag frei.

Trotz aller Frustration hatte sich mein Ärger nach einigen Stunden langsam gelegt. Genau weiß ich nicht, wohin er verschwunden war: Irgendwo in die Tiefen meiner für mich selbst schwer zu durchschauenden Persönlichkeit hatte er sich zurückgezogen.

Die Sonne begann unerwartet zu scheinen und mir war nach freiem Sein in der Natur zumute. So fand ich einen schönen Park und freute mich an der frühlingshaften Wärme, die sich plötzlich allüberall verströmte.

Im Erfurter Stadtpark hatte ich eine Bank an einem Baum gefunden, die es mir ermöglichte, gemütlich zu sitzen und mich gleichzeitig an einen kräftigen Baum anzulehnen. Hier war also ein schönes Plätzchen an der Sonne. Meine helle Haut war süchtig nach natürlichem Licht und nach natürlicher Wärme.

Gerade wollte ich dösend hinübertauchen in eine glücklichere Welt mit einer schier endlosen Menge an Parkplätzen, da drängte Menschenkrach an mein Ohr. Erst wollte ich nicht, aber dann mußte ich doch: Hinschauen, von wo aus die Menschenstörgeräusche in mein Ohr ragten.

Schnell konnte ich die Krachquelle orten: Eine junge Mutter kam mit ihrem vier bis fünf Jahre alten, unbeherrscht herumschreienden Sohn den Weg entlang. Die beiden waren sich über irgendetwas uneinig und deshalb war vor allem der kleinere Diskussionsteilnehmer in einem Stadium des Dauerwiderstands, der, wie alle Eltern wissen, schwer aufzulösen ist.

Da schlug die erfahrene Mutter etwas Kluges vor. Sie wollte den Sinn ihres Sohnes auf etwas lenken, was alle Männer lieben: Wettkampf.

Naheliegend schlug sie einen Wettlauf vor.

Der Kleine war begeistert. Jedes Kind ist immer und überall begeistert, wenn man ihm ein Spiel vorschlägt.

Wie eine Langstreckenläuferin am Start stützte sich die sportbegeisterte Mutter auf ihre Oberschenkel und hatte also die korrekte Position eingenommen. Das Gleiche tat ihr Sohn. Siegessicher strahlte der kleine Held übers ganze Gesicht.

Dann hörte ich sie aus ihrer Startposition laut

rufen: „Auf die Plätze, fertig, los!"

Bei „los!" rannten beide erwartungsgemäß los. Von der Mutter erwartete ich einen Scheinlauf mit dem Ergebnis, daß der Kleine gewinnen und dann Ruhe geben würde.

Aber diese Mutter war völlig anders als meine pädagogisch zweifelhaften Ansichten es nahegelegt hatten. Sie war wahr und wirklich und lief so schnell sie konnte. Der Kleine hatte nicht die Spur einer Chance und gab schon nach wenigen Metern entnervt auf. Aber nicht etwa still geknickt, wie es einem Verlierer zugestanden hätte, gab er auf, sondern laut brüllte er seinen Frust über die Niederlage in den ansonsten stillen Frühlingsmittag hinein.

Natürlich versuchte die Mutter alles, um den jungen Verlierer zu beruhigen, aber ohne Erfolg. Sein Schock, gegen eine nicht wirklich trainierte Frau haushoch verloren zu haben, war ihm tief in die Knochen gefahren. Verständlicherweise wollte er sich von der aus seinem Blickwinkel hinterhältigen Siegerin auf keinen Fall beruhigen lassen.

Sein Geplärre wurde lauter und so ganz langsam begann er auch mich nervös zu machen. Im Umkreis von dreihundert Metern verflüchtigte sich jede Form der Harmonie und das Gebrülle des kleinen Verlierers breitete sich völlig disharmonisch, aber sehr erfolgreich immer weiter aus.

Gerade wollte ich dem Gedanken nachgehen, daß er noch oft in seinem Leben im Wettkampf gegen Frauen in den verschiedensten Disziplinen verlieren würde, da raschelte es im Gebüsch.

Jetzt erst sah ich in etwa dreißig Meter Entfernung die beiden leicht verwahrlosten Männer mittleren Alters, die da auf dicken Decken hingestreckt sich ein Mittagsschläfchen gegönnt hatten. Sicherlich hatten sie rein alkoholmäßig betrachtet einen wilden Vormittag hinter sich, in den sie wahrscheinlich übergangslos von der durchzechten Nacht aus hineingeglitten waren. Nun wollten sie verständlicherweise an frischer Luft und in nicht allzu kühlem Frühlingswetter ihren Rausch ausschlafen.

Der Blondere von beiden hatte nur kurz den Kopf gehoben und sich dann wieder in die alte Stellung fallen lassen. Wahrscheinlich war er aufgrund seines Blutgehaltes in dem die Venen durchströmenden Alkohol noch nicht bereit, sich dem wirklichen Leben zuzuschalten.

Dem weniger Blonden von beiden aber ging das seit Minuten unentwegte Gebrülle des Kleinen tierisch auf die Nerven.

Aus diesem Grunde wehte zwischen ihm und mir eine zarte Sympathie. Wankend erhob er sich und schritt aus dem Schatten der unbelaubten Birken. Mit einer unglaublich lauten Stimme brüllte er dem Kleinen zu: „Halt's Maul!"

Sofort war der Kleine still und blickte gebannt auf das Monster, das keinem Kinderbuch, sondern dem wirklichen Wald entstiegen war.

Absolut gehorsam der Aufforderung des schwankenden Monsters nachkommend und sein Maul haltend blickte der Kleine seine Mutter an. Er lief zu der ehemals verfeindeten Siegerin und suchte dicht ihren Oberschenkel umfassend Schutz vor Monstern.

Wie würde die Mutter reagieren?

Zum zweiten Mal überraschte mich diese bemerkenswerte Frau, denn sie strahlte den Penner dankbar an und rief aus tiefstem Herzen: „Danke!"

Was lernen wir daraus?

Daß überforderte Mütter, gleichgültig welcher Kultur sie entspringen, gerne kompetente und Kultur übergreifende Erziehungshilfe annehmen. Auch wenn sie aus unberufenem Munde kommt.

DER POLIZEIÜBERFALL

Nach einer sehr genauen Untersuchung, ich mußte auch meine Schuhe ausziehen, um auszuschließen, daß ich dort Sprengstoff transportierte, wurde ich ins Flugzeug vorgelassen. Das war in Los Angeles gewesen. Nun würde ich erst wieder in Mexiko City aussteigen.

Das Flugzeug war recht leer und ich hatte, wie ich glaubte, die freie Wahl des Sitzplatzes.

Um zu erklären, daß dem nicht so war, muß ich hier ein wenig ausholen: In Mexiko und Umgebung herrscht ein Frauenbild, das den Vertreterinnen dieses außergewöhnlichen Geschlechts vorschreibt, sich allezeit und überall schön gedreßt, voll bemalt und Parfümduft treibend zu präsentieren.

Wenn man nun weiß, daß ich nach Parfümduft riechende und voll angemalte Frauen spontan nicht über die Maßen schätze, dann wird man das Problem, das ich bei der Sitzplatzsuche hatte, verstehen: Bei meinem ersten Platz Versuch geriet ich neben eine junge Südamerikanerin, die gerade Haarspray auftrug und mich in diesen Prozeß zu integrieren versuchte.

Auf meiner Flucht vor allen künstlichen Haarmanipulationen setzte ich mich drei Reihen weiter hinter das Haarspray, und da nagelte eine Frau sich selbst, wenn ich das einmal so dreist formulieren darf. Ich meine, sie malte sich ihre Fingernägel tief dunkelrot an. Das stank gottserbärmlich.

Also machte ich mich wieder auf den Weg weiter nach vorne, wo sich eine vielleicht mexikanische ältere Frau hinter einer frisch und reichlich aufgetragenen Parfümwolke scheu verbarg.

Der in Maßen geduldigen Flugbegleiterin, die auf mich aufmerksam geworden war, erklärte ich etwas von einer schweren Haarspray-, Parfüm- und Nagellackallergie, und das öffnet zumindest bei Amerikanern Tür und Tor, und so kam ich schließlich neben einem Mexikaner, der neutral duftete, zum Sitzen.

Braun, mit Schnauzer, weißem Nylonhemd und freundlich rundem Kopf stellte er sich mir gleich als Juan José vor.

Ich war leicht mürrisch, zum einen, weil mir von dem dreifachen Dufthammer noch schwindlig war, zum anderen, weil ich noch etwas schreiben wollte und also meine Energie nicht im Small Talk verpuffen lassen wollte.

Natürlich ließ ich meine interkulturelle Sensibilität spielen und war deswegen nur sehr zart mürrisch. Juan José akzeptierte auch eine kurze Weile lang meinen Wunsch, in relativer Stille mein Leben schreibend zu verarbeiten.

Als die Flugbegleiterin das Speisetablett vor uns stellte und wir uns gegenseitig höflich guten Appetit wünschten, war leider das Eis zwischen Juan José und mir endgültig gebrochen.

In recht flüssigem Englisch fragte er, was ich da schreibe.

Ich bin so reiseerfahren, daß ich weiß, daß wenn diese Frage kommt, ich keine Chance mehr habe, von der Umwelt abgeschottet in eigenen Gedankenwelten zu verweilen. Also klappte ich mein Heft zu und ergab mich meinem Schicksal.

„Ich schreibe Businesstheaterstücke", wählte ich die Antwort, die normalerweise dem Gegenüber, sofern er im Business tätig ist, immer einen Interesseschub entlockt und ein relativ anspruchsvolles Gespräch nach sich zieht, nach sich schleppt oder auch nach sich stocken läßt.

Im Falle Juan José wirkte meine Antwort auf ihn sehr anregend. Ein Wort gab das andere und Juan José plauderte heftig drauflos, daß er im mittleren Management sei und bei einem internationalen

Automobilkonzern arbeite.

Bescheiden versuchte ich meine Erfahrung im Training von Managern in der Automobilbranche an den Mann zu bringen. Aber Juan José war nicht nach Belehrung zumute und schon gar nicht durch mich. Endlich wollte er die Chance nutzen, einen anderen, in diesem Falle mich, ausführlich zu belehren. Ich kenne das. Seit Jahren treffe ich immer mehr Menschen, die mich belehren wollen. Vielleicht liegt da etwas in meinem Blick, das dem Gegenüber immer wieder zuruft: „Belehre mich... belehre mich... belehre mich...“ Vielleicht ruht aber auch in meinem Unbewußten etwas Rotzblödes, auf das Menschen reagieren, indem sie mir über Belehrung umfassend helfen wollen, oder es ist generell der Belehrungsdruck weltweit angestiegen... Ich weiß es nicht.

Was ich sicher weiß, ist, daß Juan José unter hohem Belehrungsdruck stand. Aufgeregt fragte er mich, ob ich seine Methode kenne, also nicht die, die er selbst entwickelt hatte, sondern die, die er anwendete. Ob ich mich dafür interessiere?

Er nahm nicht ganz zurecht meine leicht nach unten gerichteten Mundwinkel als Zustimmung und begann mir munter zu erläutern, daß alle effektive Zusammenarbeit zwischen Angestellten und Angestellten und Angestellten und Boß im Hinblick auf ein gemeinsames Projekt ganz einfach sei, man müsse sich nur an drei Regeln halten. Nun beugte ich mich ihm wirklich interessiert zu. Regeln hört man doch immer gern, oder?

Sogleich prallte auch schon die erste Regel gegen mich: „Wer bist du?"

„Aha!", sagte ich etwas enttäuscht, denn es war ja mehr eine Frage als eine Regel. Aber diese Frage überzeugte mich durchaus. Um ein Projekt erfolgreich durchzuführen, sollte man wissen, wer man ist, sonst gerät man in eine schwer zu durchschauende Konfusion. Wenn dann noch andere dazukommen, die auch nicht wissen, wer sie sind, kann sehr schnell ein nicht mehr entwirrbares Chaos entstehen.

Er ließ mir kaum Zeit zum Atmen und tischte mir sofort die zweite Regel auf, die enttäuschenderweise schon wieder eine Frage war: „Wo willst du hin?"

Ich nickte, weil ich ihm an dieser Stelle voll zustimmte, daß wenn man ein Projekt vorantreiben wollte, man unbedingt wissen sollte, wo das Ganze hinsollte. Wie wollte man denn richtig loslegen, wenn man nicht wüßte, in welche

Richtung?

Dann streckte er den dritten Finger in die Höhe, um die dritte Regel beziehungsweise wie ich vermutete die dritte Frage gestisch eindrucksvoll vorzubereiten.

Aber dann passierte es.

Ihm fiel die dritte Regel nicht ein.

Obwohl er, wie er mir anfangs immer wieder versichert hatte, sich täglich nach diesen drei Regeln richtete und sie als Ursache für seinen nicht enden wollenden Erfolg auf der mittleren Managementebene erkannt hatte, fiel ihm die dritte Regel nicht ein.

Es wurde still um ihn. Immer noch starrte er auf seinen Finger, den er wie am Nichts angenagelt in die Höhe hielt.

Der Pilot brüllte ins Mikrophon und brachte uns allen, die zuhören mußten, knatternd zu Gehör, daß er nun mit dem Sinkflug auf Mexiko City beginnen würde.

Ich lächelte Juan José unverbindlich zu, um ihn zu ermuntern, doch noch aus den endlosen Tiefen seines Gemüts die dritte Regel hervorzukramen.

Er lächelte freundlich zurück und senkte dann die dritte Regel, äh, ich meine Finger, und legte sie beziehungsweise ihn zu den anderen Regeln unveröffentlicht in seinen Schoß zurück.

Ich öffnete mein Heft wieder und nutzte die Viertelstunde Sinkflug, um noch ein wenig zu schreiben.

Juan José schwieg die ganze Zeit über und brütete weiter über die dritte Regel, die seinen Erfolg bewirkte. Sie fiel ihm bis zu unserem leicht verhaltenen Abschied nicht mehr ein.

Vielleicht ist es an dieser Stelle ratsam, selbst kritisch über meine Probleme mit der spanischen Sprache zu reflektieren, denn gerade in Mexiko geriet ich immer sehr schnell an meine Grenze. Mein Englisch ist recht flüssig und also komme ich im Englisch-Amerikanischen Sprachraum gut zurecht. Aber mit dem Spanischen will es nicht klappen. Da ist in meinen Tiefen ein Widerstand, an den ich nur sehr schwer herankomme. Vielleicht gibt die folgende kleine Geschichte den entscheidenden Hinweis, um meinen Block gegenüber dem Spanischen besser zu verstehen, vielleicht ja sogar auch, um ihn zu überwinden. Gerne gebe ich zu, daß mein Spanisch bislang wirklich noch stümperhaft ist. Zwar gelingen mir manchmal kleine Konversationen, aber meistens erlebe ich üble Niederlagen. Davon will ich wie schon gesagt selbstkritisch berichten.

Wenn ich in Mexiko City weile, wohne ich in dem schönen Stadtteil Coyoacan.

Eines Tages kam ich gerade von einem Körpersprachetraining zurück und stellte recht entsetzt fest, daß ich meinen Schlüssel zu meinem Apartment vergessen hatte. Glücklicherweise stand der Hausmeister im Garten hinter dem gußeisernen Eingangsgittertor. Als er mich sah, öffnete er sofort und ich freute mich, daß mein leichtsinniges Schlüsselvergessen vom Schicksal nicht weiter bestraft worden war.

Da mein Wesen von Natur aus hoch kommunikativ angelegt ist, wollte ich dem freundlichen Hausmeister unbedingt mitteilen, wie sehr ich mich gefreut hatte ihn anzutreffen, weil ich ja meinen Schlüssel vergessen und er mir durch seine Anwesenheit enorm aus der selbst verschuldeten Patsche geholfen hatte.

So wie ich den Satz hierhin geschrieben habe, konnte ich ihn natürlich nicht übersetzen, denn „hatte" deutet ja auf Plusquamperfekt hin und eben diese grammatikalisch klar definierte Zeitform fehlte mir im Spanischen völlig. Also entschied ich mich für Präsens, die einzige Zeitform, die mir bekannt war.

„Olvidar" ist Spanisch und heißt „vergessen".

Korrekt bildete ich die erste Person Singular Präsens durch Anhängen eines „o" an den Verbstamm. Dieses komplizierte grammatikalische Gerede hört sich im Leben eigentlich ganz einfach an: „olvido".

Der Hausmeister blickte mich mit großen offenen mexikanischen Augen an.

Ich vermutete mal, er hatte verstanden, denn in seinem Blick erwachte leichte Ungeduld, aus der ich schloß, daß er wissen wollte, was ich vergessen hatte... äh, habe... äh, gerade vergesse.

Nun wurde es schwieriger, denn spontan war mir das spanische Wort für Schlüssel entfallen. Blitzschnell schaltete ich mein lückenhaftes Latein hinzu und aus meinen unbewußten Sprachtiefen torkelte eine schlappe Assoziationskette in mein angespanntes Bewußtsein nach oben: Claudere: schließen. Clausur: Von der Außenwelt abgeschlossen. Claustrophobie: Angst vor und in engen, geschlossenen Räumen.

Mutig stieß ich also hervor: „Olvido el clave."

Ich hoffte auf einen verständnisvollen Blick. Also so einen Blick, den er aufsetzen würde, wenn er mimisch ausdrücken wollte: Ja, ich verstehe, Sie haben den Schlüssel vergessen und es ist doch ein glücklicher Zufall, daß ich da war und ich Sie ohne weitere Probleme, die in Mexiko schnell massiv werden können, reinlassen konnte.

So hätte er blicken sollen.

Aber ich blickte in den Abgrund.

Wer kennt ihn nicht, den Blick vollständiger Verständnislosigkeit. Ein Blick, den es nur zwischen außerirdischen Wesen und Mensch gibt. Ein Blick, den es nur zwischen Mensch und Tier oder auch zwischen Mann und Frau gibt. Keiner versteht auch nur noch das Geringste.

„Clave", wiederholte ich verzweifelt. Natürlich wurde es nicht besser. Im Gegenteil. Er mischte seiner völligen Verständnislosigkeit auch noch Panik bei, weil er nicht wußte, ob das eine Anordnung sei, der er spontan Folge leisten mußte.

„Clave", wiederholte ich hoffnungslos.

Wieder verstand er mich nicht.

Ich wollte nicht, aber ich mußte auf meine pantomimischen Fähigkeiten zurückgreifen und drehte einen unsichtbaren Schlüssel auffällig im spontan imaginierten Schloß herum.

„Llave!", schrie er erleichtert auf und formulierte hastig und korrekt: „Olvidaste la llave!"

Ich nickte ihm still aus meiner Niederlage zu und verschwand in meinem Apartment, das er mir vorausschauend aufgeschlossen hatte.

Stumm gingen wir auseinander.

Beide waren wir ein wenig angesäuert und hingen unseren Gedanken nach. Er war wohl ein wenig sauer, daß ich immer noch keine spanischen Basisworte beherrschte, und ich ärgerte mich, daß, obwohl nur ein Buchstabe falsch war, er das Wort nicht verstanden hatte. Würde ein Ausländer zu mir sagen: „Ich vergesse Klüssel" oder „Schnüssel" oder „Tüssel" oder „Rüssel", dann könnte ich doch rückschließen, was er meint. Odel?

Das wird man sich im Ausland merken müssen: Entweder man trifft das Wort genau oder man kann seinen Redebeitrag vergessen.

Doch nun zur nächsten Geschichte, die mich schmerzhaft tief mit der mexikanischen Psyche in Bekanntschaft brachte.

Mexikanische Freunde hatten mich gewarnt, aber ich hatte es mir nicht vorstellen wollen: Bestechliche Polizei.

Wie sollte das denn gehen?

Polizei ist höchste Ordnungsmacht, die muß doch loyal und unbestechlich sein, wo kommen wir denn sonst hin? Ich meine bestechliche Politiker okay, bestechliche Manager okay, aber Polizei? Bestechlich? Niemals!

Auf solch leidenschaftlich entrüstete Redebeiträge lachten meine mexikanischen Freunde bloß und warnten mich, daß bei einer verkehrsmäßigen Übertretung plötzlich ein Polizist kommen würde und sagen könnte: „Say hello to me!", und dann gebe man ihm die Hand, in der ein Geldschein wäre, und dann sagte man wie von der Staatsmacht gewünscht: „Hello!" Und dann würde der mexikanische Polizist schon mal beide Augen zudrücken. Sollte ein Schein zu wenig sein, dann würde der Polizist nochmals ein „Hello!" verlangen. Würden die Scheine zu viele sein, dann würde der Polizist schweigen und die Scheine freundlich einbehalten.

Bei mir war es damals anders, ganz anders.

Wiewohl ich mehrmals und teilweise sehr heftig „Hello!" sagte, trat auf der Gegenseite keine Zufriedenheit ein.

Doch nun wie angekündigt zur Lehrgeschichte: Unbedingt hatte ich den bekannten Vulkan in der Nähe von Mexiko City sehen wollen. Sein Name ist Popokatepetl. Hinter diesem eher lustig klingenden Namen verbirgt sich ein mächtig aufragender Vulkan, etwa zwei Fahrstunden von Mexiko City entfernt.

Anschauen ja, aber jedwede Form der Besteigung war mir zuwider.

Außerdem wollte ich unbedingt vor Sonnen-
untergang wieder zurück im sicheren Hotel sein.

Es gibt angenehmere Vorstellungen, als sich
spätabends in Mexiko City zu verfahren.

So kehrte ich recht früh zurück und als ich die
Stadtgrenze von Mexiko City passiert hatte,
geschah es dann.

Träge floß der Verkehr dahin und wir Autofahrer
schwammen durch endlos breite, aber dennoch
nicht breit genuge Straßen.

Plötzlich entdeckte ich rechts von mir jene Straße,
die direkt zu meinem Hotel führen würde. Aber
sie war eine Einbahnstraße und außerdem, wie
sollte ich da rüber kommen? Also beschloß ich,
mich treiben zu lassen, um vielleicht irgendwo
an einer später kommenden Ampel nach rechts
herausscheren zu können.

An den wahllos aufgestellten Ampeln orientierte
sich niemand. An diesen Ampeln fand ein in
Maßen interessantes Abwechseln von den Farben
rot, gelb und grün statt, das wie bereits erwähnt
keine Beachtung fand.

Da ich mich im Ausland ungern als Deutscher
fühle, adaptiere ich schnell die Identität des
Gastlandes, in diesem Fall Mexiko. Ich will

sagen, ich fühlte mich als Mexikaner unter Mexikanern und schob mich ganz mexikanisch wie alle anderen auch an der roten Ampel vorbei, ohne ihr Beachtung zu schenken, die mich zu einer Handlung wie zum Beispiel Bremsen hätte hinreißen können. Ich hätte ein Verkehrschaos riskiert, hätte ich gebremst.

Ach, hätte ich nur gebremst!

Plötzlich tauchten sie in graubraunen Uniformen rechts und links von mir auf, als hätten sie auf mich gewartet, und brüllten körpersprachlich klar verständlich, daß ich rechts ranfahren und anhalten sollte.

Ihre graubraunen Uniformen paßten hervorragend zu ihren tiefbraunen Gesichtern, zu denen wiederum ihre schwarzen Schnauzer hervorragend paßten, ganz zu Schweigen von den pompösen Uniformschirmmützen, zu denen ihre schwarzen, seitlich schweißverklebt hervorlugenden Haare hervorragend paßten, zu denen aufs Wunderbarste ihre grimmig zur Schau gestellten Gesichter paßten. Das Einzige, was in diese Komposition mexikanischer Stimmigkeiten nicht hineinpaßte, war ich in meinem Mietauto, mit dem zusammen ich schuldig geworden war.

Lange spanische Rede, kurzer deutscher Sinn:

Sie wollten alles, was ich hatte.

Was ich nicht hatte, war: Kreditkarte, Führerschein und Reisepaß. Diese Identitätsbeweise hatte ich aus Angst vor mexikanischen Strauchdieben im relativ sicheren Hotel Safe zurückgelassen. Und genau dies wirkte nun auf meine deutsche Psyche verheerend. Ich entwickelte Schuldgefühle, denn ohne jegliche Identität und Fahrerlaubnis angetroffen, würde mir in Deutschland Ärger der übelsten Sorte ins Hause stehen.

Der Deutsche in mir, der einen größeren Platz einnimmt, als mir lieb ist, war erschrocken. Dies witterten sie. Sie witterten Schuld und sie witterten Geld.

Zurecht!

In allerlei Beuteln am Körper versteckt hatte ich das, was alle immer wollen.

Erst zückte ich meine Brieftasche und reichte sechzig Dollar, aber sie sahen Schweißperlen auf meiner Stirn und deuteten auf meinen Hüftledergürtel, an dem eine Ledertasche befestigt war, in der meine Reserve war: Fünfzig Dollar.

Nachdem sie meine Reserve geleert hatten, zeigten sie noch auf den Reißverschluß in meinem Rucksack und fanden dort noch fünfzig Notreserve Dollar. Ich fühlte mich wie eine

Weihnachtsgans, die ausgenommen wurde, und geriet in den Sog ihrer Psyche.

Sie waren mir überlegen. Ich saß auf ihrer Gürtelhöhe, will sagen, blickte nicht nur auf die Fettwalzen, die sich über ihre zu eng geschnallten Gürtel stülpten, sondern auch auf die seitlich hängenden Revolver, deren Griffe vom vielen Gebrauch abgewetzt waren.

Nie denke ich im Alltag an Filmszenen, aber ausgerechnet damals sah ich vor meinem inneren Auge, wie mich die Kugel traf und ich auf den Straßenrand kippte und nun vor mich hin verschimmelte und niemand würde wissen, wo ich hingekommen war, und einige Besitzer von Garküchen freuten sich, weil sie billig viel Gulasch gefunden hätten, und irgendwann würde jemand meinen Hotelsafe öffnen und über meinen Paß erfahren, wer ich gewesen war, und mit der Kreditkarte sich ein schönes Leben machen, bis meine Bank stutzig würde und das Vergnügen sperren würde, doch dann wäre ich schon längst Knochen für Mexikos Hunde, die noch nicht in den Garküchen verschwunden waren.

Aus Freude, daß alles nicht so war, wie ich es mir da horrormäßig ausgedacht hatte, zeigte ich meinen beiden Ordnungswächtern auch noch meinen Brustbeutel, in dem noch fünfzig Dollar als allerletzte Sicherheitsnotreserve artig zusammengefaltet auf den Notfall warteten, der jetzt ja wohl eingetreten war.

Intensiv grübelte ich dann noch nach, ob ich nicht doch noch eine allerletzte Supersicherheitsnotreserve hatte...

Sie winkten ab, denn sie hatten genug.

Ordnungsliebend steckten sie die Scheine in ein Notizbuch, das sie schnell zuklappten.

Wer nun glaubt, sie machten sich feige und hämisch aus dem Staube, unterstellt ihnen jene Undankbarkeit, die ihnen von Natur aus fremd ist. Nein, nun zeigten sie mir erst, was sie so alles bewirken konnten, wenn sie nur wollten.

Nachdem die beiden also das Notizbuch zugeklappt hatten und ihr Gehalt für die nächsten zwei Jahre zwischen den Seiten klemmte, fragten sie freundlich, wo ich hinwollte.

Ich nannte ihnen mein Hotel.

Ein Doppelpfiff aus ihrem Mund und alle Autos im Umkreis von fünfhundert Metern standen still. Das war faszinierend. Was eine rote Ampel nicht konnte, schafften die beiden mit links.

Der ganze Verkehr stand still.

Lachend mit blitzenden Zähnen winkten sie

mir den Weg quer an mehreren Autos vorbei. Einer der beiden ging zu Fuß, um besser präsent zu sein, der andere fuhr im Schrittempo im Polizeiauto nebenher. Dieses blinkte und heulte sirenenmäßig auf, wann immer der Fahrer das wollte.

Natürlich blickten die massenweise angehaltenen Fahrer sehr mißmutig drein, aber sie hielten ihre Mimik wegen der präsenten Staatsmacht in schmalen Ausdrucksgrenzen.

Aber noch hatten die beiden Polizisten den Höhepunkt ihrer Machtentfaltung nicht erreicht.

Von dem Platz aus, auf dem die Fahrer wie schon berichtet stillstehen mußten, führte die bereits erwähnte Einbahnstraße ab, die mich schnell zu meinem Hotel führen würde, wenn ich mich nur gegen die erlaubte Fahrtrichtung bewegen dürfte.

Armwinkend und wild pfeifend hatten es die beiden Polizisten in einer halben Minute geschafft, daß sich alle Autos in der Einbahnstraße ängstlich zur Seite drängten. So hatte ich genügend Platz, um unter Polizeiaufsicht die Einbahnstraße gegen die Fahrtrichtung zum Hotel zu fahren.

Die beiden bereicherten Polizisten winkten mir noch gutgelaunt und freundlich zum Abschied zu

und wendeten sich dann ärgerlich und genervt
dem Verkehrschaos zu, das sich in den letzten
Minuten unter ihrer Anleitung gebildet hatte.

Hinter dem Lächeln

Als man mich im Frankfurter Flughafen am Counter der Lufthansa fragte, ob ich ein Einreisevisum für mein Zielland die Volksrepublik China habe, fiel ich aus allen Wolken.

„Ja, braucht man das denn?", fragte ich recht unbedarft. Man schüttelte entsetzt den Kopf ob meiner Blödheit. Aber irgendwie nahm man mich dann doch ernst, da ich Erster Klasse flog. Es war mein erster Erste-Klasse-Flug. Ich hatte mir die Meilen redlich verdient, ein Businessticket gekauft, und durch ein Upgrading war ich nun in den Genuß gekommen, erster Klasse zu reisen. Diese Vorfreude hatte mich so ausgefüllt, daß ich nie und nimmer auf die Idee gekommen war, daß man für die Volksrepublik China ein Visum brauchte.

Nun wurden hektisch einige Telefonate geführt. Da ich recht spät dran war, als Erste-Klasse-Reisender hatte ich mir den Luxus erlaubt, knapp zu kommen, wurden die Anrufe schnell abgewickelt.

Ehe ich mich in das Problem, das ich heraufbeschworen hatte, einarbeiten konnte, teilte man mir mit, daß man hoffe, daß alles gut gehen werde, und daß ich es einfach versuchen solle. Guten Flug!

Ganz gebannt von dem Service der Ersten Klasse, der damals noch wirklicher Service war, genoß ich die acht Stunden in meinem fliegenden First Class Hotel. Nach dem vorzüglichen Abendessen, das ich zum ersten Mal in meinem Leben mit echtem Kaviar eröffnet hatte, klappte ich den Tisch zur Seite und die Lehne nach hinten. Schwupps, fuhr das Unterteil meines Sitzes nach vorne und ich lag in meinem Bett. Nach der Nachspeise, die ich liegend einnahm, wurde mir die Bettdecke gereicht. So ließ es sich vorzüglich über den Wolken schweben.

Als wir in Beijing gelandet waren, wurde es mir doch ein wenig mulmig zumute, als ich sah, mit wie vielen Stempel-bedruckten und aufwendig unterschriebenen Papieren in den Händen andere Business- und Erste-Klasse-Reisende beim Immigrationsschalter brav anstanden.

Je mehr ich mich in meine Situation hineindachte, um so schwieriger wurde sie. Für einen kurzen Moment erwog ich also, das Denken einzustellen, um es nicht noch schwieriger werden zu lassen. Aber dann fing ich lieber doch wieder an zu denken, um irgendwie vorbereitet zu sein, wenn ich dran wäre.

Nach Beijing war ich gereist, um interkulturelle Trainings durchzuführen, für die mich eine deutsche Trainingsfirma engagiert hatte. Diese Trainingsfirma würde eine deutsche circa fünfzigjährige Frau schicken, die mich am Flughafen abholen würde. Ich wußte nicht genau, welchen chinesischen Namen diese Trainingsfirma hatte, außerdem hatte ich keine Ahnung, wo genau diese Trainingsfirma ihren Sitz hatte. Mit anderen Worten, ich wußte fast nichts.

Gottvertrauen ist einer meiner angenehmeren Charakterzüge.

Zu meinem enormen Glück war der Einreiseoffizier eine Frau. Ich habe in meinem Leben festgestellt, daß Frauen auf meine Hilflosigkeit weitaus kooperativer reagieren als Männer.

Eine gewisse Hilflosigkeit umgibt mich immer. Diese sozusagen natürlich angewachsene Hilflosigkeit wurde durch die herrschenden Umstände des Moments am fremden chinesischen Einreiseschalter enorm verstärkt. Dementsprechend reagierte die chinesische Einreisefrau hilfsbereit. Nachdem die eben schon erwähnte chinesische Einreiseoffizierin mich in schwer verständlichem

Englisch gefragt hatte, wo denn die Frau, die mich abholen sollte, sei, und ich in der ganzen riesigen Wartehalle keine europäisch aussehende Mittfünfzigerin ausmachen konnte, machte die erfahrene Einreise-Chinesin mit mir kurzen Prozeß und schickte mich in ein nicht weit entfernt gelegenes Zimmer, in dem ein Foto von mir gemacht werden sollte. Sie hatte beschlossen, mir ein ordentliches Visum auszustellen mit Foto und allem drum und dran.

Eine jüngere chinesische Einreiseassistentin wurde mir zur Seite gestellt. Sie führte mich zu dem besagten Zimmer, in dessen Zentrum eine Kamera auf Stativ thronte. Irgendetwas mit dem Fotoapparat stimmte nicht. Wann immer ich lächelte, blitzte die Kamera nicht, aber irgendwie zum Ausgleich knallte sie, und es stank dann furchtbar nach Kurzschluß.

Das wiederholte sich circa fünfzehnmal.

Immer lächelte ich auf Anweisung der freundlichen und auch hübschen jungen Chinesin, die mich ablichten wollte. Aber jedesmal krönte Mißerfolg ihre Aktion.

Nun wurde ich mit chinesischem Körpersprachegebaren vertraut gemacht.

Als Deutscher erwartete ich nach dem dritten

oder vierten oder fünften Fehlversuch von der Verantwortlichen einen Fluch, eine Miene der Zerknirschung, eine entschuldigende Geste, vielleicht ein deutliches Schulterzucken. Nichts von alledem produzierte die kleine Chinesin für mich. Sie lächelte bei jeder Panne und mit jeder weiteren Panne lächelte sie mehr. Zwar konnte ich Schweißperlen auf ihrer Stirn entdecken, und eine kleine, aber feine Stirnfalte, die sich im weiteren Verlauf nicht mehr glättete, ließ darauf schließen, daß sie in ihrem Inneren mit einer anwachsenden Panik zu kämpfen hatte. Das war allerdings reine Spekulation, denn mir gelang es nicht herauszufinden, was hinter ihrer lächelnden Maske eigentlich wirklich los war. Mit jedem Fehlversuch lächelte sie und lächelte sie und lächelte sie...

Ein Spezialist, den ich später über dieses nicht immer stimmige Lächeln befragte, erklärte mir, daß die Chinesin und der Chinese auf keinen Fall den anderen und schon gar nicht den Ausländer mit ihren Gefühlen belästigen wollen.

Gefühle gehören in die Familie, aber niemals in die Öffentlichkeit!

Die junge, in meinem Fall endgültig gescheiterte chinesische Visumsangestellte ging mit mir lächelnd zurück zum Schalter und erklärte dort auf Chinesisch ihr Mißgeschick. Vielleicht hat sie aber auch nur einen milden Witz erzählt, denn die Immigrationsoffizierin lächelte hintersinnig.

So erhielt ich ein Visum ohne Foto und wieder einmal konnte ich visuell unentdeckt eintauchen in neue Welten.

Für Menschen mit starkem Wunsch nach glücklichem Ende einer Geschichte sei erwähnt, daß die Frau der Trainingsfirma draußen vor dem Flughafengebäude mit dem chinesischen Fahrer auf mich gewartet hatte, da ihr die Wartehalle zu voll und stickig gewesen war.

In Beijing gab ich wie bereits erwähnt eine Serie von Workshops und Trainings zu dem Thema: „Interkulturelle Kommunikation und Körpersprache". Viele Ereignisse aus diesen Workshops und Trainings habe ich später in meinem Buch „Interkulturelle Kommunikation und Körpersprache" veröffentlicht und jegliche Form der Wiederholung widerstrebt mir.

Nach einer Woche in Beijing flog ich weiter nach Shanghai, um dort bei ansässigen Deutsch-Chinesischen Firmen noch eine weitere Serie meiner interkulturellen Trainings durchzuführen.

Dicht begleitet von meinem chinesischen Dolmetscher wanderte ich durch die Straßen von Shanghai. Traumhaft klares Oktoberwetter ließ alles in hellem, reinem, klaren Licht erscheinen.

Wir ließen uns durch die Menschenmassen treiben und ich genoß es, in einer Großstadt zu sein, in der kaum Autos fuhren, dafür aber um so mehr Fahrradfahrer. Vier Jahre vor der Jahrtausendwende hatte der chinesische Wirtschaftsboom noch nicht in dem Maße eingesetzt, wie er es später tat.

Unweit von mir entfernt stürzte ein alter Mann mit dem Fahrrad hin. Schwer schlug er auf und benommen blieb er liegen.

Einem natürlichen Impuls folgend wollte ich zu ihm laufen, um ihm beim Aufstehen zu helfen. Ohne Begründung hielt mein chinesischer Dolmetscher mich am Arm fest.

Durch seine klare Aktion erstarb erstmal mein Hilfsimpuls und ich aktivierte meinen inneren Beobachter. Keiner der anderen, jüngeren, stärkeren Chinesen und auch mit den Sitten des chinesischen Volkes besser vertrauten Menschen blieb stehen. Jeder fuhr so weiter, als ob nichts geschehen sei.

Nun begriff ich, daß der alte Mensch dort auf der Straße Hilfe von mir brauchte, da er sonst von niemandem welche bekommen würde.

Spontan aktivierte ich den guten Menschen in mir und wollte trotz Dolmetscherprotest losgehen. Doch mein Dolmetscher aktivierte seine ganzen Kräfte, die doch beträchtlich waren, und hielt mich richtig verzweifelt fest.

Ich blickte ihm ins Gesicht, das ich in den letzten Wochen so gut zu lesen gelernt hatte. Souverän entschlüsselte ich an seinem Gesichtsausdruck, daß die Situation ernst war, und ich folgte seinem körpersprachlich klar vorgetragenen Befehl, zu bleiben, wo ich war. Meinen natürlichen Hilfsimpuls unterdrückend beugte ich mich einer fremden Kultur. Was war hier los?

Als wir weitergegangen waren, beziehungsweise als er mich weggedrückt hatte, fragte ich ihn entschieden, was das zu bedeuten hatte.

Mein Dolmetscher drückste herum. Es war ihm unangenehm darüber zu sprechen. Ich kannte dieses Sich-in-sich-selbst-Verkriechen schon an ihm. So verhielt er sich immer, wenn er etwas über sein Land gestehen mußte, das er selbst nicht so gut fand und von dem er annehmen mußte, daß ich es erst recht nicht so gut fand.

Durch zähes Nachfragen konnte ich nach und nach ermitteln, warum der alte Mann ohne

Hilfe geblieben war. Niemand wußte nämlich, wer dieser alte Mann war, und wenn dieser alte Mann Probleme mit der Partei gehabt hatte oder immernoch hatte oder vielleicht sogar früher einmal die Konterrevolution unterstützt hatte und wenn man ihm jetzt helfen würde, dann würde man selbst in Verdacht geraten, ebenfalls als nicht linientreu eingestuft zu werden...

Also beugte ich mich endlich meinem Übersetzer und rollte den guten Menschen in mir ein.

Nicht immer ist Hilfsbereitschaft erwünscht.

Nicht immer hilft einer dem anderen.

Nicht immer werden wir Menschen Brüder.

Nicht immer ist Freundschaft höchstes Ziel.

Das hat nichts mit China zu tun. Geächtete gibt es überall. Das hat was mit uns Menschen zu tun, die immer mehr zuschauen als handeln. Die Menschen werden intellektuell und sprachlich zwar immer kritischer, aber handeln immer weniger individuell, sondern folgen als Herdenmenschen primitiven Impulsen.

Ach, lassen wir das... Wenn ich erst anfange, über die Menschheit nachzudenken, da wird es richtig peinlich. Zum einen für die Menschheit, zum anderen natürlich in viel größerem Maße für mich.

Nach anstrengenden Tagen in Shanghai hatte ich dann den Mut entwickelt, einen Tag lang an mich selbst zu denken. Ich wollte unbedingt an einen Strand in der Nähe von Shanghai fahren. Meer erfrischt mich immer.

Öffentliche Verkehrsmittel waren einfach zu bedienen. Mein Dolmetscher hatte mir alles genau erklärt und in mein Notizbüchlein hatte er chinesische Schriftzeichen gemalt, die mir im Notfall weiterhelfen sollten. Ihm hatte ich bis abends frei gegeben. Seine Freude war in Grenzen geblieben, denn seine Sorge um mich war größer als sein Drang nach Freiheit. Er fürchtete, daß ich in diesem großen Land, vor allem aber in der völlig fremden Kultur verlorengehen würde.

Dennoch, ich blieb dabei. Ich brauchte einige Stunden für mich alleine!

Also fuhr ich los und alles klappte wie am Schnürchen, denn alles war gut vorbereitet.

Am Strand angekommen atmete ich frische Meeresluft ein und hemmungslose Freude durchtobte mich: Der Strand war menschenleer.

So legte ich mich in den Sand, um die Eindrücke der letzten Tage in mir zu verarbeiten. Ich wollte mich selbst dem sanften Wellenschlag anheimgeben, der mich forttragen sollte in die Weiten meiner eigenen Seelenlandschaft. So stöhnte ich vor Glück, als sich meine Lungen hinein in die Seeluft weiteten.

Doch nur kurz dauerte mein Eintauchen in die Weiten meines eigenen Seins, denn es erschien sehr laut am Horizont eine chinesische Familie.

Ich dachte mir, einem europäischen Impuls folgend, daß diese herannahende chinesische Großfamilie sicherlich den weitest entfernten Platz von mir suchen würde, aber ich täuschte mich, ich täuschte mich sogar heftig, ich täuschte mich sogar umfassend.

Direkt neben mir breitete die chinesische Großfamilie ihre Decke aus, und die drei Kinder lärmten sogleich freudig erregt los. Sie sprangen lustig und fröhlich herum, so wie es Kinder gerne am Strand tun. Vater und Mutter lächelten mir immer wieder freundlich zu. Großmutter neigte sich über Näharbeiten und zwei Großväter sprachen ruhig und bedächtig über Themen, die wahrscheinlich endlose philosophische Tiefen offenbarten.

Zum Glück sprach der Vater Englisch, und so erfuhr ich auf meine freundliche Nachfrage, warum sie mir so nahe auf die Pelle gerückt waren, und so verstand ich auch, warum ich auf keinen Fall weg konnte, sondern auf jeden Fall bei dieser Familie bleiben mußte.

Er erläuterte: Als er und seine Familie mich so alleine hatten am Strand liegen sehen, da hatten sie Mitleid mit mir entwickelt, denn ich war ja offensichtlich ein Fremder und einsam. Leider, leider, leider, so folgerte er nicht ganz richtig, hatte ich nicht das Glück in einer lebendig anwachsenden chinesischen Familie leben zu dürfen. Da er und seine ganze Familie von tiefer Gastfreundschaft beseelt waren, hatten sie den Impuls verspürt, mir diesen Familienmangel auszugleichen. Also hatten sie sich jetzt neben mich gelegt, wo sie den ganzen Nachmittag auch bleiben würden. Selbstverständlich, fügten alle nickend hinzu, sei ich ihr Gast. Dies wollte ich sogleich dankbar bestätigen und grinste die Frau freundlich an, brachte meine drei, vier chinesischen Wörter in stetiger Wiederholung an sie zur Geltung und begann sogleich, mit den Kindern Ball zu spielen. Ich wollte mich in ihrem chinesischen Familienverband nützlich machen. Souverän baute ich mit ihnen eine mittelalterliche Sandburg, die der ältere Junge dann lustig zerbombte. Dann plätscherte ich mit den Kindern im Wasser und sprach anschließend mit dem

Vater über allgemeine Fragen der chinesisch-europäischen Ökonomie.

So verbrachte ich meinen freien Nachmittag, an dem ich die Freiheit der Einsamkeit gesucht hatte, mit einer chinesischen Familie.

Wieder einmal wurde ich mit der unglaublich unpopulären Frage nach dem Sinn des Familienlebens konfrontiert. Einerseits wird die Familie als Hort menschlichen Glücks und als lebendiges Sicherheitsgefüge gepriesen. Andererseits ist sie häufiger Ort übelsten Mißbrauches in allen nur denkbaren Formen. Leider muß ich innehalten mit allzu tiefen Gedanken, da sie auf keinen Fall hierher gehören. Gedanken über Sinn und Unsinn der Familie haben weltweit allzu viele Feinde.

Später hatte ich dann doch noch Glück.

Auf dem Weg zurück in die Stadt gelang es mir, an der Strandmeile von Shanghai, wo nahezu alles an Straßenständen zum Verkauf angeboten wurde, eine Kassette mit Meeresrauschen zu kaufen. Dieses Rauschen dröhnte mir dann später im Hotelzimmer aus dem Kopfhörer in die Ohren und endlich konnte ich im Rhythmus der elektronisch transportierten Wellen tiefenentspannt in die Weite meiner Seele entfleuchen.

DER YOGI IN MIR

Wieder einmal war ich nach Indien gereist, um der westlichen Lebensphilosophie, die mir zu dicht auf die Pelle gerückt war, zu entfliehen.

Tief wollte ich in die östliche, weitaus meditativere Lebensphilosophie eintauchen, um „mehr nach innen zu kommen", wie ich es mangels klarer Alternativen schwammig formulieren mußte.

Bei der Busreise vom internationalen zum nationalen Flughafen durch Bombay holte mich allerdings die östliche Lebensphilosophie ein. Tausende Inder saßen in Gluthitze auf der Straße, verschmutzt, verzweifelt und verloren vor sich hin vegetierend. Kinder liefen schreiend und bettelnd neben dem Bus her. Leprakranke hielten ihre zerfressenen Gliedmaßen in die Höhe, um Mitleid und Rupien heischend. Das gleiche Bild bot sich mir, als ich dann zwei Flugstunden später in Bangalore ins Taxi stieg, das mich zum Zielort bringen sollte.

Die stundenlange Fahrt führte durch Dörfer, die sich immer noch in der alten Zeit bewegten. Fasziniert blickte ich in die Vergangenheit der Menschheit.

In Puttaparti, einem kleinen südindischen Dorf, war dann mein Ziel erreicht: Der Ashram eines weltweit bekannten Gurus.

In dieser gewaltigen Tempelanlage wollte ich abgeschirmt von irdischen Versuchungen mein Innerstes entdecken. Inmitten strahlender Sonne, die sich sommers wie winters um sechs Uhr morgens erhebt und um sechs Uhr abends untergeht, wollte ich mir selbst unbedingt wesentliche Schritte näher kommen.

An der Rezeption des Ashrams ließ ich mich beraten. Ich erklärte dem freundlichen älteren Inder, daß ich meditieren lernen wollte und unbedingt eine Erscheinung haben wollte.

Lachend empfahl er mir eine Meditationsklasse und wünschte mir eine Erscheinung! Und nun kommt's: Ich hatte eine Erscheinung! Ich hatte eine wirkliche Erscheinung!

Tagelang saß ich im Schneidersitz auf geheiligtem Boden bei einem schweigsamen Meditationslehrer und hoffte auf die Erscheinung.

Als diese sich erstmal nach Tagen nicht einstellen wollte, erhöhte ich den Druck auf mich, das heißt, ich fastete unerbittlich. Wenn nötig gewaltsam wollte ich mit dem Göttlichen in mir oder so in Verbindung treten. Ich wollte Weisung von ganz oben erhalten, wollte einen Schicksalswink erzwingen, wollte göttliche Fügung erleben. Kurzum, ich wollte den göttlichen Auftrag.

Vielleicht war es keine gute Idee gewesen zu fasten, denn in mir wuchs neben der Sehnsucht nach Erscheinung noch eine andere Sehnsucht, die übermächtig wurde.

Damit meine Erscheinung im richtigen Zusammenhang gesehen wird, möchte ich hier ein Lob an den deutschen Bäcker einfügen: Besser als alle Bäcker dieser Welt backt der deutsche Bäcker die Laugenbrezel. Und wenn dieses Laugengebäck auch noch mit frischer Butter bestrichen präsentiert wird, schießen mir Worte durch den Kopf, die sich um Begriffe wie Glückseligkeit, glucksende Heiterkeit und Heimkehr ins Paradies drehen.

Nach diesem Loblied auf die deutsche Bäckerzunft komme ich nun wieder zurück in meinen zähen indischen Meditationsversuch.

Am fünften Fastentag geschah es. Ich hatte eine Erscheinung: In den Abendstunden saß ich draußen und meditierte so vor mich hin. Es war so gegen acht Uhr abends und schon ziemlich stockdunkel. Plötzlich sah ich Licht. Ich hatte mir von meinem Meditationslehrer erklären lassen, daß wenn man Licht sieht, es sich um eine Erleuchtung oder eine Erscheinung handelt.

Dermaßen eingeweiht in Erleuchtungsfragen spürte ich an dem Licht, das ich trotz Dunkelheit sah, daß ich eine Erscheinung hatte. Mir blieb der Atem stehen. Das Kribbeln im ganzen Körper deutete ich als Vorzeichen meiner Erleuchtung, die durch eine Erscheinung eingeleitet worden war.

Auf orangefarbenem Hintergrund sah ich vor meinem geistigen Auge eine querliegende Acht. Na also, dachte ich, das ist doch schonmal was. Die querliegende Acht ist in der Mathematik, Physik und anderen Bereichen, die mir allesamt verschlossen bleiben, das Zeichen für Unendlichkeit.

Na also!

Aber es ging unerwartet profan weiter. Die Acht bräunte sich, dann erschienen kleine weiße Flekken darauf und immer deutlicher verwandelte sich die Acht in eine gut ausgebackene Brezel. Die Brezel war zu aller Freude längs durchgeschnitten und aus dem Spalt triefte Butter, gute deutsche Butter. Überwältigt von dem Symbol der ewigen Glückseligkeit kippte ich nach hinten in den Sand und ergab mich einem tiefen traumlosen Schlaf.

Kaum hatte mich mein Meditationslehrer geweckt, erzählte ich ihm meine Erscheinung. Er aber schüttelte den Kopf und erklärte mir, daß meine Gier nach irdischem Genuß stärker als mein Wunsch nach Kosmischer Harmonie sei. Gut meinend wie er war empfahl er mir, meine Meditationsversuche umgehend einzustellen. Der Weg für mich sei zu lang und zu schwer.

Etwas geknickt ging ich am nächsten Tag wieder zur Ashram Rezeption, um dort zu melden, daß für mich Meditation nicht in Frage käme, beziehungsweise ein unnötiger Umweg wäre, beziehungsweise eine Sackgasse, also kurz: ein Irrweg!

Nach kurzer Beratung mit dem Ashramrezeptionisten entschied ich mich dann für den Weg des geschmeidigen Körpers, da exzessives Fasten oder tagelanges Stillsitzen mich im Moment rettungslos überfordern würde. So wollte ich also Yoga lernen beziehungsweise den Yogi in mir erwecken.

Mich freundlich von meinem indischen Berater verabschiedend trat ich hinaus in die sengende Hitze und suchte die Yogahalle mit schwindender Hoffnung, daß dort eine Klimaanlage fleißig Kälte in den Raum schaufeln würde.

„Wenn Hoffnungen schwinden, dann verschwinden sie irgendwann", dachte ich, durch die Hitze schon an Gehirnerweichungen leidend, als ich die Tür zur Yogahalle öffnete und mir dumpfe Hitze entgegenschlug.

Alle blickten auf mich, und ich blickte auf den, auf den sie vorher geblickt hatten, einen schlanken älteren Inder, den ich souverän als Yogalehrer ortete. Der wortkarge Lehrer nickte mir weder freundlich noch unfreundlich zu, sondern blickte auffordernd hin zu einem freien Platz, auf den ich mich gehorsam setzte.

Nachdem ich um mich herum die jungen braunen athletischen Körper gesehen hatte, die nur mit Lendenschurz bekleidet waren, beschloß ich, mein T-Shirt anzubehalten.

Kaum hatte ich mich in die Atemübung eingeschwungen, die sie gerade durchführten, da hatte ich das dringende Gefühl, ich müsse allen anwesenden, indischen Schülern zeigen, daß ich als Europäer der wahrscheinlich bessere Yogi sei.

Also zwängte ich meinen armen Körper, der so gerne im Sessel sitzt oder auf der Couch liegt, in den Lotussitz.

Zur Erklärung für Nichtyogis: Lotussitz ist die Folterversion von Schneidersitz.

Dadurch, daß ich ansatzweise den Lotussitz hinbrachte, handelte ich mir freundliche und auch bewundernde Blicke ein. Normalerweise scheitern Europäer an dem Lotussitz. Ich scheiterte auch, aber erst später. Das Schlimme war: Ich gab es erst zu, als es zu spät war. Lächelnd spürte ich erst einmal irrsinnige Schmerzen in den Beinen.

Es war Folter pur.

Da schaltete ich meinen Durchhaltewillen ein und nach einer Stunde ließen die Schmerzen nach und nach einer weiteren Stunde war ich schmerzfrei beziehungsweise spürte meine Beine nicht mehr. Nach einer weiteren Stunde, in der wie auch in den beiden vorigen Stunden harsche Belehrungen über richtiges und falsches Essen, richtiges und falsches Bewegen und richtiges und falsches Atmen auf mich herniedergeprasselt waren, erhob sich der Lehrer locker aus seinem Lotussitz und sogleich alle Schüler mit ihm, außer mir.

Die Yogaklasse war beendet.

Nun geriet ich in Not. Gleichgültig, welche Kommandos ich auch in meinen Unterleib und die daraus hervorragenden Beine schickte, sie wurden mißachtet. Beine und Unterleib gehörten nicht länger zu mir. Hilflos saß ich da und begriff langsam, in welcher Gefahr ich schwebte.

Fast alle Schüler waren dem Lehrer nach draußen gefolgt, nur einige Trödler standen noch in der Halle herum.

Wild gestikulierend rief ich um Aufmerksamkeit und irgendwie brachte ich den an meinem Schicksal mäßig Interessierten rüber, daß ich in mir feststeckte.

Sie begriffen meine Not und zwei traten seitlich von rechts vorne und zwei seitlich von links hinten an mich heran und versuchten mich hochzuheben, ohne jeglichen Erfolg.

Ich bewegte mich nicht.

Nun traten noch zwei weitere von rechts hinten und noch zwei weitere von links vorne hinzu, und nun also zu acht hievten sie mich hinaus.

Ich hörte deutlich, wie sie um mich herum wegen meines Gewichtes stöhnten, aber ich konnte ihnen nicht helfen.

Immer noch im Lotussitz, diesmal aber einen Meter über dem Boden, schwebte ich also hinaus zum Yogameister, der in Versenkung unter einem schattigen Banya Baum saß.

So hing ich vor seinen geschlossenen Augen und wartete im schwebenden Lostussitz auf

Erlösung. Der Yogalehrer öffnete die Augen, überblickte die Situation sofort und flüsterte seinem Meisterschüler etwas ins Ohr. Dieser wandte sich dann, seinem Meister vorbildlich gehorchend, meinem verselbständigten Lotussitz zu beziehungsweise ordnete meinen Trägern an, mich in einiger Entfernung vom Meister abzulegen.

Meine Träger taten dann, wie ihnen geheißen worden war, und kurz darauf befand ich mich zwar immer noch im Lotussitz, aber nun mit der Erde als Rückenstütze und dem Himmel als Blickrichtung. Aus diesem Grunde sah ich nicht, was meine Helfer machten, aber bald spürte ich es: Sie entknoteten meine Beine, zu denen ich nach wie vor ziemlich trotzig noch keinen Kontakt aufgenommen hatte.

Nun aber drängten meine Beine mir unverhohlen Kommunikation auf: Blut rauschte in die seit Stunden abgeklemmten Adern. Die Nerven saugten gierig den Sauerstoff aus dem Blut heraus und begannen mürrisch wieder ihre Arbeit, nämlich Impulse aufzunehmen und weiterzuleiten. Da in den letzten Stunden viel Arbeit liegengeblieben war, strengten sie sich jetzt doppelt an und sandten mir Impulse zu, die weit über meine

Schmerzgrenze hinausragten.

Die Schüler baten mich, nicht so laut zu schreien, um den Meister nicht zu stören. Also biß ich die Zähne zusammen.

Nach einer Weile stützte ich mich hoch und sah die gute Nachricht: Da lagen meine zwei Beine freudig ausgestreckt und friedlich aneinandergelehnt. Leider waren diese beiden vertraut nebeneinander liegenden Beine über Nervenbahnen mit mir verbunden. Durch diese Nervenbahnen strömten mir immer noch heftige Impulse zu, so daß ich keinerlei Möglichkeit hatte, beruhigende, harmonisierende Impulse zurückzuschicken.

Irgendwann hat jeder Schlaf einmal ein Ende und so auch dieser. Langsam wachten meine eingeschlafenen Beine auf.

Nun frage ich: Muß Aufwachen so weh tun?

Nach zwei weiteren Stunden, inzwischen hatten mich alle Helfer verlassen, konnte ich mich erheben, nach einer heftigen Torkelphase konnte ich dann stehen und schon nach einer halben Stunde ging ich humpelnd fort.

Ich hatte eine Erkenntnis und eine Bänderdehnung im linken Knie.

Nun zur Erkenntnis: Der Weg des Yogis führt haargenau an mir vorbei.

HERR, HUND UND FRAUCHEN

An manchen Tagen schwimme ich gerne ausgiebig und intensiv. Am liebsten schwimme ich im schönen Schwimmbad in Eltville am Rhein in der Nähe von Wiesbaden, das wiederum in der Nähe von Frankfurt liegt.

Dieses Schwimmbad duftet nach Rosen, da rings um das Becken hunderte Rosenstöcke gepflanzt sind. Bei leichtem Wind breitet sich dann Rosenduft aus und weht dem Schwimmer direkt in die Nase. In diesem bezaubernden Schwimmbad war ich dem Hilfsbademeister aufgefallen, da ich unermüdlich drei Stunden am Stück meine Runden gedreht hatte. Dieser Hilfsbademeister war Pakistaner und also sehr freundlich, das heißt, er suchte das Gespräch mit mir.

Als ich mich umgezogen hatte, kamen wir in genau das Gespräch, das er gesucht hatte.

Es war mein letzter Tag in Deutschland und ich wollte am nächsten Tag nach Toronto in Kanada fliegen. Dies erzählte ich ihm, und er fragte, was ich dort machte, und ich antwortete ihm, daß ich dort interkulturelle Trainings durchführte. Sein Deutsch war noch nicht ausgereift, und ich glaube, er verstand weder „interkulturell" noch „Training". Lächelnd sagte er nichts und also überließ ich ihm die weitere Gesprächsführung.

Da fragte er, wo ich denn in Toronto wohnen würde.

Etwas verwundert, aber vollständig wahrheitsgemäß antwortete ich: „Im Hotel."

Nun war es an ihm, verständnislos dreinzublikken. Ja, sogar schalkhaft blitzten seine Augen auf: „Bei unser Kultur immer schlafen bei Mitglieder von Familie oder Freunde von Familie."

Geduldig erklärte ich ihm, daß ich keine Freunde in Toronto hätte. Wieder hatte er diesen schalkhaften Blick aufgesetzt, mit dem er mir offensichtlich mitteilen wollte, daß er glaubte, daß ich scherzte.

Verschmitzt fragte er mich: „Wieso denn reisen, wenn keine Freunde?"

Gute Frage, dachte ich bei mir, aber für ihn kaum zu beantworten. Also ließ ich es sein, zumal er sowieso in Fahrt gekommen war und weitersprach: „Wenn reisen, dann nur von Freunde zu Freunde."

Ach ja, Recht hatte er ja. Im Grunde sollte man

nur zu Freunden reisen!

Er muß wohl mein betrübtes Gesicht gesehen haben, denn ihm war jetzt danach, der deutschen Kultur, in der er lebte, eine kritische Anmerkung zukommen zu lassen.

Etwas frustriert formulierte er: „Hier in Deutschkultur alles anders. Nachbarn nur sagen: 'Hallo, wie geht's? Auf Wiedersehen.' Das ist große Unterschied, sehr große Unterschied. Bei uns Kultur immer sprechen über viele Dinge und immer Reisen von Freunde zu Freunde."

Wir verabschiedeten uns freundlich, und er klopfte mir wie mir schien erst mitleidig und dann aufmunternd auf die Schulter.

Als ich dann in Toronto ankam, war es so heiß, daß sie dort alle öffentlichen Gebäude, die mit Klimaanlagen ausgestattet waren, für die Öffentlichkeit Tag und Nacht offen halten mußten, um auch den Armen Kühlung zu verschaffen.

Das freie Wochenende, das vor mir lag, lud ein, an einen dieser wunderschönen kanadischen Seen zu fahren, die mit klarem Wasser und reiner, unverbrauchter Natur locken.

Drei Stunden nördlich von Toronto liegt das kleine Örtchen Killarney an dem gleichnamigen See.

Kaum angekommen lud das kühle klare Wasser mich ein, hineinzusteigen, um meinen allzu aufgeheizten Körper abzukühlen.

Es ist faszinierend, in reinem Wasser zu schwimmen. Der Duft frischen Wassers in freier Natur bläht die Lungen auf und gewährt Erinnerungen an die Urzeit der Menschheit. Dazu kam noch als Krönung des Wohlgefühls die überragende Aussicht. Gleichgültig, wie man sich im klaren Wasser kanadischer Seen dreht und wendet, man blickt immer auf uralte und deswegen glatt abgeschliffene Felsen, Tannen, Fichten und blauen Himmel, in dem ein Fischadler schwarz mit weißem Kopf kreist. Unwillkürlich späht man ins Ufergebüsch, ob sich nicht doch irgendwo ein Braunbär zeigt. So ähnlich müssen sich Menschen vor einigen Jahrhunderten gefühlt haben, rein und naiv hingegeben an die unverschmutzte Natur.

Irgendwann war meine Überhitzung heruntergedreht und steuerte nun einer Unterkühlung entgegen. Also entstieg ich dem Wasser, um meinen Körper wieder der angenehm gewärmten Luft zuzuführen.

Außer mir gab es nur noch ein paar sehr vereinzelte kanadische Menschen am Ufer, die dösend in der Sonne lagen und hofften, daß sich eine Schicht natürlicher Bräune über ihre weißen Körper legte.

Da ich mich an die doch recht prüde Kultur in Kanada erinnerte, beschloß ich, während ich mich ins Gebüsch gedrängt umzog, nicht nur auf mein überlanges T-Shirt, das ich übergestülpt hatte, zu vertrauen, sondern auch noch ein großes Handtuch um meine Hüften zu schlingen.

Als ich mich umgezogen hatte, da ich nicht ausstehen kann, wenn die nasse Badehose an mir klebt, trat eine mittelalterliche Frau auf mich zu und sagte in Kanadisch, ich hätte Glück gehabt.

„Wieso?", fragte ich.

Sie holte etwas weiter aus und meinte vertraulich, ich sei doch sicher Europäer.

„Ja", antwortete ich absolut wahrheitsgemäß.

Sie erläuterte dann, daß sie das daran erkannt hätte, daß ich mich sehr, sehr freizügig umgezogen hätte. Ich fiel nun wirklich aus allen Wolken, als sie sagte: „Wenn der Ranger das gesehen hätte, hätten Sie Ärger bekommen und bestimmt eine hohe Strafe zahlen müssen."

Vollständig verblüfft fragte ich zurück, wie es denn die Kanadier zu machen pflegen. Zu einem

Scherz aufgelegt formulierte ich in Maßen lustig: „Haben die Kanadier vielleicht eine Umkleidekabine im Strandgepäck?"

Mein lustiger Scherz zeigte bei ihr keinerlei Wirkung. Sie wollte sich beim Schönsten, was es auf dieser Welt für viele Menschen gibt, nicht stören lassen: Hemmungslose Belehrung.

Also ging sie auf meine Frage, nicht aber auf meinen Scherz ein: „Wir ziehen uns nach dem Baden nicht um, sondern wir lassen den Badeanzug am Körper trocknen, ziehen später unsere Kleider darüber und fahren so nach Hause."

Erstaunt dachte ich: „Entweder haben die hier Gene, die Blasenentzündungen unmöglich machen, oder alle hier sind chronisch blasenkrank."

Höflich bedankte ich mich für die umfassende Belehrung, die mich in kanadische Körperkultur eingeführt hatte, und wollte nun meinen leicht unterkühlten Körper wieder der Sonne aussetzen, um ihn ordentlich aufzuheizen.

Ach, so sind wir Menschen nunmal: Von einem Extrem ins andere.

Schnell fand ich ein sonnenbeschienenes ruhiges Plätzchen: Ich setzte mich auf einen dieser runden, abgeschliffenen Felsen, die mich so faszinieren, weil auf ihren Buckeln viele Millionen geschliffene Jahre ruhen.

Die Sonne hatte bereits zum Sinkflug angesetzt und würde wohl in einer Stunde am Horizont landen, um dann still unterzugehen.

Von meinem hohen Felsen hatte ich einen recht guten Überblick über den ganzen See.

Mit diesem Panoramablick als Hintergrund wollte ich dankbar und entspannt in die Tiefen meines Seins abtauchen.

Aber daraus wurde nichts. Meine Ruhe und mein tiefes Verschmelzen mit der Natur wurden immer wieder durch das aufgeregte Bellen eines Hundes gestört.

Leicht genervt, weil ich in der so erfrischenden Tiefenentspannung gestört worden war, setzte ich mich auf und suchte den Störfaktor zu orten und fand ihn auch sogleich: Einige Meter unter mir ragte ein Steg ins Wasser. Auf diesem Steg stand eine junge, zugegebenermaßen sehr hübsche Frau, die sich einem wunderbaren, von Frauen aller Nationen sehr geschätzen Hobby hingab: Hundedressur!

Sie hatte einen Knüppel in der Hand, den sie verlockend hin und her schwenkte, dann warf sie ihn weit hinaus ins Wasser. Der Hund sprang dann hinterher, bellte, freute sich, nahm den Knüppel in seine Schnauze und schwamm zurück zu Frauchen, um ihr den Knüppel schwanzwedelnd zu überbringen. Frauchen lobte ihn dann und brachte ihn dadurch noch mehr zum Schwanzwedeln.

So weit, so gut. Eine Szene, die alltäglich ist und von jedem Hundebesitzer als völlig normaler Hundebesitzeralltag empfunden wird.

Aber hier geschah mehr. Wir müssen uns vergegenwärtigen, daß ich bislang die Geschichte nur zur Hälfte erzählt habe. So muß ich also weitererzählen, auch wenn mir das Herz bricht. Auch wenn ich künden muß vom Untergang eines ehemals so stolzen Geschlechtes. Auch wenn ich berichten muß vom Zusammenbruch einer Kultur, vom Zusammenbruch eines Menschenbildes, vom Zusammenbruch eines Männerbildes.

Als Frauchen nämlich den Knüppel warf, sprang zu meinem Entsetzen nicht nur der Hund, sondern auch das Männchen sprang ins Wasser, und Hund und Mann kraulten um die Wette, und mal gewann der Hund, und mal gewann der Mann.

Ich blickte dem Ganzen eine Weile zu und schüttelte dann erst zweifelnd und dann verzweifelt den Kopf und blickte entsetzt in mich hinein.

War das Ende schon so nahe?

DIE GEFLUTSCHTE GURKE

Gleich nachdem ich aus dem Taxi ausgestiegen war, schlug die Hitzekeule erbarmungslos auf mich ein. Jeder Schritt kostete eine Menge Überwindung und viel Schweiß.

Miami Beach, Mitte Juni.

Als ich mich durch die Drehtür drehte und flugs im Hotel stand, bemerkte ich, daß die Klimaanlage in der Hotellobby außer Betrieb war.

Keiner bewegte sich mehr, als er mußte.

Alle sahen mich in die Halle hereinkommen und alle blickten schnell weg, denn für sie sah ich wohl nach viel Arbeit und wenig Trinkgeld aus.

Schnell wollte ich aufs Zimmer, in der Hoffnung, daß dort die Klimaanlage heftig funktionierte.

Da erbarmte sich einer.

Ein Afroamerikaner, der sich sogleich als Tom vorstellte, nahm sich meiner an und wuchtete meinen kümmerlich kleinen Reisekoffer auf eine rollerähnliche Messing Plattform. Er rollte diesen Hilfswagen zum Aufzug. Ich folgte ihm. Auf dem Weg nach oben war er wegen der Hitze im Aufzug still.

Ich auch.

Als ich mein Zimmer aufkartete, also die kredit-
kartenähnliche Karte in einen aufgeschraubten
Kartenschlitz steckte, sprang die Zimmertür auf
und warme stickige Luft mir ins Gesicht.

Tom drängte und drückte mich freundlich in den
vereinsamten, still vor sich hin moderdnen Raum
hinein. Er stellte meinen Koffer hin.

Ich runzelte die Stirn, denn da brummte doch
was.

Die Krachquelle war schnell gefunden: Der
Kühlschrank brummte.

Tom lachte und sprach: „No problem!"

Ich war gespannt, wie er das Problem lösen
wollte, denn ich hatte wegen der tagelang anhal-
tenden Hitze schwache Nerven, und wer hört in
einem solchen Hitzestau schon gern dauerhaft
heftiges Brummen des Kühlschranks?

Ich wollte ihn bei seiner Ehre packen: „You
promise?"

Er lachte und ich dachte, wie kriegt der bloß
seine Zähne so weiß und sein Zahnfleisch so
gesund hellrosa?

„I promise!", antwortete er.

Nun wunderte ich mich aber, denn anstelle zur
Krachquelle zu schreiten, nahm er einen völlig
anderen Weg. Er schritt behende zur Klima-

anlage und mit zwei drei schnellen Griffen schaltete er sie an.

Erst geschah nichts, aber dann begann die Kühlanlage, laut wie ein Hubschrauber, der langsam startet, kühle Luft ins Zimmer zu keuchen. Nach einer Weile fuhr der Hubschrauber zur vollen Drehgeschwindigkeit hoch. Ich meine, es hörte sich so an.

Tom sagte etwas und lachte. Ich konnte ihn wegen des Lärms leider nicht verstehen. Ich vermute aber, daß er gesagt hat, daß ich jetzt den Kühlschrank nicht mehr hören würde.

Ich gab ihm, was man so gibt.

Er sagte noch, was man wohl so sagt, aber verstehen konnte ich ihn wegen des Klimaanlagenlärms nicht.

Dann ging er fort und lächelte, denn er hatte doch sein Wort gehalten: Das Brummen des Kühlschranks hörte ich nicht mehr.

Nach einigen Tagen Miami wechselte ich die Atlantische Küste mit der Pazifischen und mietete mich in Santa Monica unweit des Meeres in ein Mitteklasse Hotel ein.

An dem endlos langen und schönen Strand von Santa Monica, einem Stadtteil von Los Angeles, gab ich mich ganz dem Beach Walk hin.

Tage später beschloß ich aus heiterem Himmel, mit dem Auto durch die Wüste von Los Angeles nach Las Vegas zu fahren. Ich wollte dem Moloch Los Angeles entfliehen, um das Weltzentrum der Illusionen zu bestaunen, wollte also den Teufel mit dem Beelzebub austreiben.

Auf dieser Fahrt wurde ich mit meinem enormen aggressiven Potential zur unbedingten Bekanntschaft gezwungen.

Ich mochte ihn nicht.

Vom ersten Moment, als ich ihn sah, war klar, daß ich ihn nicht mochte. Also, ich meine so richtig nicht mochte. Ich mochte ihn sogar so sehr nicht, daß ich ihm am liebsten eine reingehauen hätte, wenn er mir nur einen Grund gegeben hätte. Nun ja, er tat mir den Gefallen und lieferte mir einen Grund - und was für einen. Es war ein solch massiver Grund, daß auch ein anderer, friedliebenderer Charakter als ich zugeschlagen hätte. Aber ich habe nicht zugeschlagen. Obwohl ich einen massiven Grund hatte, habe ich nicht zugeschlagen. Wir werden sehen, warum.

Mitten auf der Fahrt von Los Angeles nach Las Vegas bekam ich fürchterlichen Hunger, und das kam daher, weil im amerikanischen Hotelpreis das Frühstück nie inbegriffen ist. Und da ich gerne erzieherisch wirke, bestrafte ich die betreffende Hotelkette dadurch, daß ich ihr Frühstücksbuffet boykottierte.

Eine im Maisfeld neben der Wüstenschnellstraße stehende Riesenanzeigetafel, auf der gurkenlange Sandwichs verlockend ihren eigenen Verzehr anpriesen, hatte mich bewogen, die angezeigte Ausfahrt zu nehmen, um zu rasten und zu essen.

Da sich im Schnellrestaurant eine lange Schlange gebildet hatte, an die ich mich hinten anstellen mußte, ging ich davon aus, daß die Sandwichs genau so gut schmeckten, wie sie angepriesen waren.

Gleich am Eingang hatte er gesessen und ich hatte ihn nicht gemocht und deswegen hatte ich gehofft, schnell an ihm vorbeizukommen. Aber wie gesagt, die Schlange war lang und ich kam genau neben ihm zum Stehen. Ich mühte mich nach vorne zu blicken, um keinen Streit zu provozieren, denn ich bin sicher, er hatte bemerkt, daß ich ihn nicht mochte.

Niemand wird gerne nicht gemocht.

Die Luft zwischen uns stand still vor waberndem Nichtmögen, aber wir beide mühten uns, unserem Gefühl keine Gestaltungsmöglichkeit anzubieten.

Also, es passiert mir nicht oft, aber es passiert, daß mich Antipathien wuchtig überfallen.

Man braucht da weder Tiefenpsychologie noch Karma zu bemühen: Ich war gereizt! Die Klimaanlage im Auto hatte nicht richtig funktioniert, Hitze und Staub hatten sich wie eine Krankheit auf mich gelegt, und der dauernd pochende, boykottgeschwächte Magen hatte mich endgültig zermürbt.

Ich fragte den vor mir wartenden Schlangenschwanz, ob das auch wirklich das Ende der Schlange sei, an der ich mich anstellen mußte. Natürlich verhedderte ich mich in meinem Englisch und die unvermeidliche Frage, wo ich herkäme, beantwortete ich wahrheitsgetreu: „From Germany."

Das zog Übliches nach sich.

„My grandfather comes from Nunbug."

„Ah, Nürnberg!"

„Yes, Nunbug."

Ein anderer Mann aus der Schlangenmitte drehte sich zu mir und lobte das Bier aus meinem Heimatland und dann kehrte wieder hungrig wartendes Schweigen in die Schlange ein.

Da spürte ich seinen Blick im Rücken und magisch gezwungen drehte ich mich hin zu ihm.

Genüßlich hielt er sein Sandwich mit beiden Händen umklammert, um es mundgerecht zusammenzudrücken.

Dabei mußte es passieren und passierte auch.

Wie eine Kanone flutschte die kleine Essiggurke heraus, schlug auf meinem weißen Hemd in Hüfthöhe ein und hinterließ ketchuprote und mayonnaisegelbe Flecken auf meinem weißen Hemd, das morgens erst aus der Hotelwäscherei gekommen war.

Ah, da hatte ich meinen Grund!

Gnade wollte ich vor Recht nicht mehr gelten lassen und sogleich zur Bestrafung schreiten.

An seinem erstaunten Gesicht sah ich, daß es ihn selbst überrascht hatte, aber das machte nichts, ich hatte meinen Grund.

Laut schrie ich: „Heyyy!", und ballte die Fäuste.

Blut schoß mir in den Kopf, Rache wölbte sich übers Herz, meine Augen verengten sich. Ich war zum Schlag bereit und die Kraft der Unschuld stand mir ruhig und gefaßt zur Seite. Er hatte mich befleckt. Er trug die Schuld!

Er aber ließ sich merkwürdigerweise nicht beeindrucken.

Amerikanisch cool lehnte er sich zurück, grinste breit, hob die rechte Hand zum Deutschen Gruß und rief mit Akzent: „Heil Hitler!"

Lähmung würgte meinen Körper. Alte kollektive Schuld schüttelte mich. Ich rollte mich in mich ein, nahm dankbar seine Serviette, die er mir hinhielt, rieb die Flecken ab, so gut es ging, und stellte mich still in die Reihe.

Noch lange haderte ich mit dem Schicksal meines Landes, das so schuldig geworden war, daß ich noch über fünfzig Jahre später mit dieser kollektiven Schuld zu ringen hatte. Aber immerhin hatte die Schuld bewirkt, daß ich meiner Wut Zügel anlegen konnte. Nicht auszudenken die Schlägerei, die entbrannt wäre, hätte ich versucht, meinen Stolz ungebremst auszuleben.

Tage später mußte ich nach Big Sur, das an der Westküste Amerikas liegt, um dort im Esalen Institut einen Workshop zu geben. Etwa fünf Stunden nördlich von Los Angeles liegt das Esalen Institut traumhaft an der Steilküste.

Seit Jahren gab ich dort regelmäßig Clown Workshops. Die Kunst zu scheitern muß auch in Amerika gelernt werden.

In einem dieser Workshops lernte ich eine ältere Dame kennen. Sie litt an Brustkrebs und war begeistert von der Figur des Clowns, so wie ich sie lehrte. Also lud sie mich nach New York ein, woher sie stammte, um für ihre Freunde einen Workshop mit mir zu organisieren.

Gleich zu Beginn dieses Workshops in New York hatte ich eine bemerkenswerte Begegnung. Es war eine kurze, präzise und ausgesprochen schmerzhafte Begegnung, die ich genau so schnell schildern will, wie sie geschah.

Es war am Broadway im zweiunddreißigsten Stock eines dieser imposanten Hochhäuser, und ich blickte hinaus auf die blitzende und wabernde Stadt New York und wartete auf die Teilnehmer des Workshops, den die ältere Dame für mich organisiert hatte.

Da rasselte es an der Tür, und wer auch immer es war, es wurde ihm aufgetan. Gleich darauf wurde mir Samuel vorgestellt. Samuel war fünfundsiebzig Jahre alt, grauhaarig, und er sah so alt aus, wie er war.

Auf die Frage, ob ich German sei, nickte ich nicht stolz, aber auch nicht allzu schüchtern.

Er grinste breit, schüttelte mir die Hand und sagte: „I have been in Germany."

Und er lachte, als er sagte: „I was a pilot in World War II."

Ich machte gute Miene zum bösen Spiel und antwortete, nicht ohne ein wenig zu kokettieren:

„So you bombed Germany?"

Er ließ sich aber nicht lumpen und sehr schnell und sehr satt kam seine Antwort: „Yes, with pleasure!"

Am nächsten Tag flog ich wieder zurück an die Westküste: Los Angeles.

Dr. Schlenker hatte mir sein Wort gegeben, daß wenn ich wieder mal nach Los Angeles kommen sollte, ich ihn besuchen könnte.

Also kam ich mal wieder nach Los Angeles und besuchte ihn. Er war Chef einer großen deutschen Versicherungsfirma, die in den Vereinigten Staaten Fuß gefaßt hatte.

Im flotten Mietauto war ich von Santa Monica hoch in den Stadtteil Burbank gebrettert, wo in der Schweinehitze Hochhäuser in den heißen Himmel wachsen, aber zum Ausgleich ein gut gekühltes Innenleben präsentieren.

Als ich durch die Rieseneingangskuppel schritt und der Pförtner hinterm Mahagoni Desk mich freundlich kontrolliert hatte und zum Aufzug führte, da staunte ich nicht schlecht, welcher Prunk auf dieser Welt möglich war.

Das Hauptprodukt der Versicherung waren Lebensversicherungen.

Wow!

Von der Lebensangst anderer ließ sich wirklich prachtvoll leben!

Als ich im holzgetäfelten Wohnzimmer nach oben fuhr, war ich immer noch platt. Im Stockwerk, das der Lebensversicherung gehörte, stieg ich aus und wurde von der Sekretärin abgefangen und in einen Riesensessel gepreßt - zum einen, daß ich es bequem hätte, zum anderen, daß ich nicht unkontrolliert herumlaufen könnte, um Dinge zu sehen, die mich nichts angingen.

Dann kam Dr. Schlenker und wir lachten beide freundlich und spürten sofort, daß wir ein Problem hatten: Wir wußten nicht, was wir voneinander wollten.

Nachdem wir einige freundliche Gesprächsbrokken ausgetauscht hatten, stellen wir fest, daß wir keinerlei Gemeinsamkeiten hatten, außer der Aufgabe, die folgende Stunde so zu gestalten, daß keiner merkte, daß wir keinerlei Gemeinsamkeiten hatten.

Nun muß ich aber doch innehalten und dem Eindruck entgegenwirken, Dr. Schlenker wäre Schuld an diesem hohlen Treffen gewesen.

Ich allein trug die Schuld. Ich hatte ihn als Geschäftsmann angesprochen, als ich noch in Deutschland Spitzenmanager trainierte, wie sie ihre Präsentationspräsenz erhöhen können. Inzwischen aber hatte ich meine Karriere auf die eines Privatgelehrten umgestellt. Ursprünglich hatte er mich für ein interkulturelles Körperspachetraining buchen wollen, aber das entfiel jetzt, und so war unserem Treffen jener Druck entwichen, der für Geschäftsmänner so notwendig ist: Die gemeinsame Zielvereinbarung.

Trotzdem wollte er mir seine Stunde Mittagspause opfern und mich einführen in die mächtige Welt der übermächtigen Illusionen.

Zu Fuß erreichten wir in fünf Minuten die Warner Brothers Filmstudios. Mit einem Male war ich im Zentrum der legendären Hollywood Illusionsmaschinerie. Überall um mich herum entfalteten sich Welten aus Pappmaché und Gips.

Dr. Schlenker erwies sich als erfahrener Führer und erläuterte mir, welche Kulissen zu welchen bekannten Filmen gehört hatten.

Dann entdeckte ich eine Tafel, die in Augenhöhe an einer Halle angebracht war: „Hier wurde Casablanca mit Ingrid Bergmann und Humphrey Bogart gedreht."

In meinem Herzen prallten zwei Gefühlsströme aufeinander: Zum einen ehrfurchtsvoller Schauder vor der perfekten Täuschung, die vom hemmungslosen Wunsch nach Erfolg angetrieben wurde. Zum anderen stille Anklage, die enormen Möglichkeiten, die hier im Übermaß vorhanden waren, nicht zu nutzen, um Wahrheit darzustellen, sondern Illusionen immer weiter zu verfeinern.

Dr. Schlenker spürte meinen Zwiespalt nicht, oder doch?

Eine Absperrung, die uns zum Umkehren zwang, führte uns beiden ins Bewußtsein, daß hier nicht nur Filmgeschichte gemacht wurde, sondern immer noch wird.

Hunger meldete sich schüchtern, und großzügig lud Dr. Schlenker mich ins Studiorestaurant ein. Ich hoffte einen Star zu treffen, aber wir waren die einzigen Gäste.

Dr. Schlenker fragte mich, ob ich diesen oder jenen Film kannte oder diese oder jene Fernsehserie. Leider kannte ich weder diesen noch jenen Film, auch diese oder jene Fernsehserie war mir unbekannt.

Dr. Schlenker ließ die Schultern hängen und blickte ins Leere. So wenig Film- und Fernsehkenntnis hatte er von mir als Künstler nicht erwartet. Wieder einmal schämte ich mich, so medienabstinent am Rande der Gesellschaft vor mich hin zu leben.

Der Kellner rettete mich, indem er die Bestellung forderte. Der Krampf löste sich beim Essen und Dr. Schlenker erzählte, daß er im Laurel Canyon wohnte, und daß Jim Morrison, der legendäre Sänger der Rockband THE DOORS, in der Nähe seines Hauses gewohnt hatte.

Das feine Essen wurde auf seine Kosten gereicht. Wir blickten wohlig kauend auf die Kulissen um uns herum. Der blaue Himmel war echt und die Sonne über uns und das Hühnerbein in meiner Hand war echt, alles andere war nur gestellt.

Dr. Schlenker schien von ähnlichen Gefühlen begattet worden zu sein. Denn auf meine Feststellung, daß hier so viel nicht wirklich sei, antwortete er tiefsinnig: „Vielleicht sind wir beide auch nicht wirklich."

Erst lachte er über seine lustige Betrachtung, aber dann huschte ein Schatten über sein Gesicht. Tief war seine Bemerkung in ihn selbst eingedrungen und hallte nun in seiner Seele wider.

Nachdem er einen kühlen Schluck Weißwein zu sich genommen hatte, fragte er nochmal, daß es jetzt auch mich erschütterte: „Gibt es uns wirklich?"

FLUGGESCHICHTEN

Eigentlich lebe ich gerne zurückgezogen, aber ich reise viel und im Flugzeug ist dann Schluß mit meiner Liebe zur Zurückgezogenheit. Eng gepfercht bin ich gezwungen, meine Grenzen zu öffnen.

Ob wir wollen oder nicht, wir müssen uns in unserem fliegenden Gefängnis mit anderen Mitgefangenen arrangieren. Alles hat zwei Seiten, so auch die Dichte im Flug. Schneller als man denken kann, wird man eingewoben in fremde Verhaltensweisen und fremde Gedankenwelten. Also gilt es seinen Mann zu stehen und sein Immunsystem durch Überreizung zu stärken.

Flug New York nach Frankfurt.

Rings um mich herum nur Männer, man kann das sofort riechen, denn sie ziehen immer alle gleich ihre Schuhe aus. Allesamt sind sie Businessmänner und dementsprechend gewandet in schicke Anzüge, aber seit Tagen darben sie ohne Ehefrau dahin und also sind die Kleider und vor allem die Socken nicht mehr ganz frisch.

Aber was ist nur mit den Männern los? Kaum heben wir ab, lassen sie den Kopf schon hängen und schnarchen los.

Nehmen die denn alle Schlafmittel? Alle schaffen es nämlich ohne Probleme schon im Abflug einzuschlafen.

Alle?

Halt! Da ist doch einer, der sich eingedeckt hat mit Tageszeitungen, Wochenzeitungen, Monatszeitungen. Er schläft nicht! Hat er ein Aufputschmittel genommen?

Wer glaubt, daß er die Zeitungen liest, täuscht sich. Er reißt sie hoch, klappt sie auf, zieht an ihnen herum, läßt sie schnalzen, zieht sie gerade, was wiederum knallt, dreht sie um, was knallt, wendet sie, was knallt. Er liest nur die Überschriften...

Halt! Habe ich geschrieben, er liest?

Nein, er frißt die Zeitungen. So hört es sich jedenfalls an. Ich will entspannen, will zum Fenster hinausschauend mich vom Lichtermeer verabschieden, das mir monatelang Heimat war.

Aber er stört mich. Ich drehe mich um. Er ist hager, große Nase, Glatze mit verworrenen grauen Haaren hintenrum. Dazu die Lesebrille auf der Nasenspitze. Ein Vogelmensch, der immer wieder in die Zeitung pickt. Er bringt mich aus meinem Rhythmus, denn er hat keinen. Abgetrennt von seinem Herzen hetzt er durch seine verzweifelte innere Leere und findet nichts. Deswegen stopft er sich voll mit fremden Meinungen und Informationen, die nicht nachprüfbar sind. Ein Deutscher, in sich selbst nicht willkommen, auf der Flucht vor sich selbst, sich festhaltend an den intellektuellen Brocken, die ihm die Zeitungen zuwerfen.

Dann ist der Start vollendet und hoch über den Wolken komme ich zu mir zurück. Mein Ärger löst sich auf, indem ich ihn aufschreibe.

Doch nicht nur Unbill kann man oben im Flugzeug erleben, sondern auch tiefe Erkenntnis will sich offenbaren, wenn wesensmäßig ganz verschiedene Menschen auf engstem Raum miteinander klarkommen müssen.

Auf einem Flug von Los Angeles nach New York setzte sich einmal ein Amerikaner neben mich. Ich war in einen Artikel, den ich zu schreiben hatte, vertieft und signalisierte ihm körpersprachlich, daß ich arbeitete und dementsprechend nicht gestört werden wollte.

Offensiv, wie Amerikaner manchmal sein können, stellte er sich ohne Vorwarnung vor: „Hi, my name is Bill."

Ich packte mein Schreibzeug weg, denn wenn

einer sich so vorstellt, dann weiß ich, daß ich entweder unhöflich sein muß, was ich in diesem Fall nicht sein wollte, oder aber meine eigene Arbeit vergessen kann, was ich in diesem Fall tun mußte.

Er kam auch sogleich mit mir ins Gespräch, das sich dann bis zur Landung in New York hinzog.

Er war im Ölgeschäft und auf dem Weg nach Afrika zu seinem neuen Job. Er war voller Pioniergeist, wie es Amerikaner nun einmal gerne sind. In einer kurzen Redepause seinerseits gelang es mir, meinen eigenen Job vorzustellen, und ich lenkte das Gespräch geschickt auf den Themenkreis: Körpersprache, Kommunikation und interkulturelle Probleme, die doch sicher zwischen Afrikanern und Amerikanern auftreten könnten. Begeistert und begeisternd, wie Amerikaner immer wieder sind, schlug er mir sofort vor, ein interkulturelles Training in seiner Firma durchzuführen. Nun war ich elektrisiert, denn Afrika war ein Kontinent, den ich gerne kennenlernen würde. Eine unbestimmte Angst hatte mich bislang ferngehalten von dieser großen leidenden Wiege der Menschheit.

Meine Zustimmung kaum abwartend fragte er

mich sogleich, was ich für ein interkulturelles Training alles benötigte. Finanziell hatten wir uns schnell geeinigt, denn er war großzügig. Aber dann war er sehr erstaunt, als ich ihm erläuterte, daß die Hälfte der Kursteilnehmer Amerikaner sein sollten und die andere Hälfte Afrikaner sein sollten, denn dann könnte ich Spielszenen entwickeln, in denen Konfliktpotential und Reibungspunkte zwischen beiden Kulturen dargestellt und gelöst werden könnten.

Er verstand mich nicht und fragte verwundert nach, wozu ich die Hälfte der Amerikaner bräuchte. Ich erklärte ihm noch einmal, daß ich Spielszenen entwickeln würde, in denen die beiden Kulturträger in Alltags- oder Berufssituationen aufeinandertreffen würden, und ich dann anhand der Körpersprache ablesen könnte, wo interkulturelle Mißverständnisse aufgetreten waren. Er verstand mich wieder nicht.

Schließlich fragte ich Bill, wie er sich denn ein solches Training vorstellte.

Freimütig sagte er mir, wie er es sich vorstellte: In einer Trainingsreihe würden alle afrikanischen Mitarbeiter zusammengefaßt, und ich würde ihnen dann die amerikanische Körpersprache erklären, so daß die Afrikaner die amerikanische

Körpersprache verstehen könnten.

Innerlich schüttelte ich entschieden den Kopf.

Mir geht es um gegenseitiges Verständnis und nicht um einseitige Machtabsicherung.

Gegen Ende der Fluges, also kurz vor New York, wechselten wir zu eher allgemeineren Themen, wie zum Beispiel Oktoberfest in Deutschland oder Thanksgiving in Amerika.

Als wir landeten, beschlossen wir beide verstummt unsere Visitenkarten nicht zu tauschen. Irgendwie hatten wir uns nicht verstanden.

Auf einem anderen Flug konnte ich erleben, wie gut meine Intuition oder besser gesagt meine Vorahnung ausgebildet war. Sie war eine Frau um die Mitte fünfzig, mit allem, was dazu gehört. In einem schicken dunkelgrünen Kostüm war sie drall und prall und gut gelaunt. In der Wartehalle zum Flug von Frankfurt nach New York hatte ich sie gesehen und sofort wußte ich, daß wir nebeneinander sitzen würden.

Was wäre das für eine Geschichte, wenn ich nun weitererzählen würde, daß ich sie nicht mehr getroffen hätte?

Also kam es so, wie ich es geahnt hatte: Ich hatte den Fensterplatz und sie den Gangplatz in der einundzwanzigsten Reihe. Da sich unsere

Blicke wie bereits erwähnt in der Wartehalle schon gekreuzt hatten, erlebten wir beide einen leichten Wiedererkennungseffekt, als wir uns zum Nebeneinander-Sitzen getroffen hatten.

Aber alles blieb erstmal ohne Folgen. Sie hatte sich einen Stapel Illustrierte besorgt und ich blickte scheinbar interessiert zum Fenster hinaus. Natürlich tauschten wir höfliche Floskeln wie: „Entschuldigen Sie mal...", „Aber bitte doch, gerne...", „Dürfte ich eben...", „Ja, nur zu..."

Man merkt schon: Wir beide wollten einen reibungslosen Flug ohne Komplikationen zwischenmenschlicher Art hinter uns bringen. Daß es dann anders kam, war weder ihre direkte Schuld noch meine.

Unruhe in unseren freundlichen Waffenstillstand brachte der Flugbegleiter mit einer wirklich harmlosen Frage: „What do you want?"

Er hatte meine Sitzbegleitung als nicht Deutsch eingestuft. Das war ein schwerer Fehler.

Sie blickte ihn irritiert an. Eigentlich machte sie gar nicht den Eindruck, als wüßte sie nicht, was sie wollte.

Ich vergrub mich hinter meinem Buch, um einerseits unauffälliger Beobachter dieser Szene zu werden, aber andererseits nicht in ihr mitspielen zu müssen.

Mir war in meinem Leben schon oft aufgefallen, daß Frauen, die mit weiblichen Reizen gesegnet sind, eine große Sehnsucht nach belesener Klugheit entwickeln. So war es wohl auch bei meiner brünetten deutschen Mittfünfzigerin. Aus ihrer Zeitschriftensammlung ragte ein ungelesenes Buch hervor: „Geschichte der Philosophie - Erster Band: Denker der Antike".

Nun ja, keine leichte Kost, dachte ich bei mir und blickte auf meinen Buchtitel, den ich bislang verdeckt gehalten hatte, was ich auch vorhatte fürderhin zu tun: „Sexualität im Mittelalter".

Es war unglaublich, was es da alles gab. Zum Beispiel haben manche Frauen im frühen Mittelalter... ach, lassen wir das! Das Mittelalter ist ja vorbei und die Moderne ist ja auch ganz nett.

Jetzt rückte auch meine deutsche Schicksalsbegleiterin wieder in meinen Beobachtungsblickwinkel. Sie war nervös. Noch immer stand der Flugbegleiter vor ihr und blickte sie weiterhin geduldig fragend an.

Dann kam ihre Antwort: „Un Water."

Der Flugbegleiter war sofort überfordert. Aus dem englischen Sprachraum stammend konnte er die verwegene Wortkombination einer Deutschen nicht verstehen. Für ihn klang das Ganze in seine Sprache übersetzt: „Unwasser". Er hatte keine Ahnung, was das heißen sollte.

Ich ahnte, was sie meinte, aber war in mein Buch übers Mittelalter versunken und spürte spontan keinen Hilfsimpuls, und sie sendete auch kein Signal aus, daß sie Hilfe brauchte.

Der Flugbegleiter zog sich diskret zurück, als ich ihm kopfschüttelnd signalisierte, daß ich nichts brauchte. In seinem Gesicht war der fragende Ausdruck, den er bei ihrem „Un Water" aufgesetzt hatte, hängengeblieben.

Leicht gereizt sagte sie in meine Richtung: „Ja, versteht denn der kein Englisch?"

Da sie mich resolut fragend anblickte, mußte ich antworten, und also sagte ich: „Ich glaube, er ist Engländer..."

„Hahaha!", lachte sie gekünstelt und fuhr sich selbst interpretierend fort: „Wenn er Engländer wäre, dann hätte er mich doch verstanden."

„Vorausgesetzt, Sie hätten Englisch gesprochen", sagte ich nicht, sondern schwieg und vertiefte mich wieder in meine spannende Geschichte des Mittelalters.

Sie war unruhig. Die mißglückte Kommunikation mit dem Flugbegleiter nahm sie offensichtlich doch mit.

Also sprach sie mich erneut an: „Wieso hat er mich nicht verstanden?"

Nun offenbarte sie ihr tief eingewurzeltes Mißtrauen: „Vielleicht wollte er mich nicht verstehen? Was meinen Sie?"

So direkt angesprochen konnte ich ihr keine Antwort schuldig bleiben, also wiegte ich meinen Kopf auffällig hin und her und deutete damit körpersprachlich an, daß man das Ganze so, aber auch so verstehen könnte.

So leicht aber ließ sie sich nicht abspeisen. Scharf hakte sie nach: „Haben Sie mich denn verstanden?"

„Ehrlich gesagt", sagte ich etwas gestelzt, „hatte ich nicht die Ehre, ihrem Dialog mit dem Flugbegleiter beizuwohnen."

„Wieso nicht?", sagte sie in einer Stimme, mit der sie wohl normalerweise mit ihrem Kanarienvogel, Hund oder Ehemann sprach. So nahm ich also die mir zugewiesene Rolle des Ehemannes an und suchte Ausflüchte.

„Ich war so in meine Lektüre versunken, daß ich gar nichts um mich herum wahrnahm", log ich und log gleich weiter, als sie mich fragte, was ich denn lese: „Philosophie im Mittelalter", sagte ich und verbarg den Titel.

Da hellte sich ihre Miene auf: „Ich lese Philosophie in der Antike", und wie zum Beweis hielt sie das Buch hoch. Da ich sicher war, daß mein Buch spannender war als ihres, wollte ich weiterlesen, aber ich kam nicht dazu.

„Dann sind wir ja Geistesverwandte."

Ich wurde rot, denn sie hatte mich erwischt, als ich mit lüsternem Blick ihre Brüste ausgemessen hatte. Also nickte ich schnell zustimmend in Bezug auf unsere Geistesverwandtschaft. Das war aber von ihr nur Ablenkung gewesen. Sie war immer noch in ihrem Stolz getroffen, daß sie auf Anhieb nicht verstanden worden war.

Laut bestätigte sie meinen Gedanken, indem sie sagte: „Wieso hat er mich nicht verstanden?"

Gedankenverloren wiederholte sie das Unverständliche: „Un Water."

Sie blickte mich an und sprach schnippisch: „Was gibt's denn da nicht zu verstehen?"

An ihrem Blick sah ich, daß sie inzwischen auch daran zweifelte, ob ich sie verstünde, deswegen übersetzte sie lieber, was sie gesagt hatte, um weitere Kommunikationspannen zu vermeiden: „Ein Wasser!", und gereizt fügte sie hinzu: „Was gibt's denn da nicht zu verstehen?"

„Die Schwierigkeit besteht darin...", hub ich an, aber niemand wird je erfahren, worin die Schwierigkeit bestand, denn sie unterbrach mich: „Seit drei Jahren lerne ich in der Volkshochschule Englisch. Da muß man mich doch verstehen, oder?"

Ich wurde nervös, denn in meinem Buch wurden nun gerade einige große Denker des Mittelalters vorgestellt, und da wollte ich unbedingt dabei sein. Also ließ ich mich zur wie ich glaubte schnellen Belehrung hinreißen: „'Water' hätte gereicht. Sie hätten einfach 'Water' sagen müssen. Das hätte genügt. Water heißt Wasser", fügte ich dann noch hinzu, um ihren aufmüpfigen Blick zu beruhigen.

„Aber es heißt doch 'un water', nämlich auf Deutsch: Ein Wasser!"

Zustimmung heischend blickte sie mich an.

Mit nur ganz leichtem Willen zur Korrektur in meiner Stimme versuchte ich zu vermitteln: „Wenn schon, dann heißt es 'a water', aber der Engländer würde wohl eher sagen: 'A glass of water, please!'"

Da war wenig zu machen. Leicht gereizt und schon ein wenig störrisch beharrte sie: „Wieso soll ich 'Ein Glas von Wasser' sagen, wenn ich einfach 'Ein Wasser' meine?"

Nun hing ich drin und mußte durch: „Eine andere Sprache zu lernen heißt, daß man die fremden Regeln akzeptieren muß."

Nun war sie ganz aufgebracht: „Und wenn der andere seine eigenen Regeln nicht kennt?"

Als sie meine Verunsicherung sah, schob sie siegessicher nach: „Was dann?"

„Dann wird Kommunikation unmöglich."

„Na also!", sagte sie und ließ mich im völlig unverständlichen Raum zurück, in den sie mich so geschickt gestoßen hatte.

Eine Auswahl
aus dem
Angebot des
Galli Verlags

Alltagsgötter

„Es sind doch oft diese kleinen
verwirrenden Begegnungen und
heiteren Mißverständnisse im Alltag,
die denselben spürbar auflockern
und dem rückblickenden Lebens-
teilnehmer das sinnstiftende Gefühl
verleihen, daß vielleicht doch nicht
alles umsonst war."

Alltagsgötter
ISBN3-934861-39-3
128 Seiten
1. Auflage 2001

Körperheimlichkeiten

„Wiewohl der Mensch nach wie vor
große Pläne hegt, wie zum Beispiel
Hotelketten auf dem Mond zu errich-
ten, ist er mit den etwas kleineren
Fragen des vor allem körperlichen
Alltags oft heftig überfordert. Alles,
was den Körper betrifft, scheint für
den modernen Menschen eine
ziemliche Zumutung zu sein, so
daß er keine Mühe scheut, solche
Körperlichkeiten zu verbergen, oder
um es noch absurder zu formulieren:
„öffentlich zu verheimlichen"."

Körperheimlichkeiten
ISBN 3-926032-62-6
96 Seiten
1. Auflage 1999

121

Aus dem Leben
eines Clowns

Die autobiografische Buchserie von Johannes Galli.

In der Buchserie „Aus dem Leben eines Clowns" beschreibt Johannes Galli Geschichten aus seinem Leben und fordert den Leser zur Nachahmung auf, mit dem Ziel, die Geschichten seines eigenen Lebens unter einem neuen Blickwinkel zu sehen.

Erste Serie:
Frühe Fehlversuche
ISBN 3-926032-66-9
192 Seiten, 1. Auflage 1999

Zweite Serie:
Steile Sturzflüge
ISBN 3-934861-37-7
200 Seiten, 1. Auflage 2001

Dritte Serie:
Lüsternes Lauern
ISBN 3-934861-38-5
192 Seiten, 1. Auflage 2002

Vierte Serie:

Wahrer Wahnsinn

ISBN 3-934861-59-8
192 Seiten, 1. Auflage 2005

Fünfte Serie:

Starke Stücke

ISBN 978-3-940722-00-3
200 Seiten, 1. Auflage 2008

Johannes Galli
Die Galli Methode®
als Konfliktlösung

Johannes Galli
Körpersprache
und Kommunikation

Johannes Galli
Interkulturelle
Kommunikation
und Körpersprache

Die Buchreihe
Galli Script
Die Essenz der Galli Methode®

Die wichtigsten Kapitel aus dem
Gesamtwerk von Johannes Galli:
GAME - Die Galli Methode® werden in
der Buchreihe Galli Script veröffentlicht.
Dies sind Lehrbücher, die neben spannenden
Texten Übungsabschnitte enthalten, um
das Gelesene zu vertiefen, erfahrbar zu
machen und es somit im täglichen Berufs-
und Privatleben anwenden zu können.
Wer sich intensiv mit den Texten und
Übungen beschäftigt, der wird schon bald
folgende Fortschritte bemerken:

- Steigerung der Beobachtungs- und
  Wahrnehmungsfähigkeit

- Erhöhung der körperlichen und
  geistigen Dynamik

- Verbesserung der Kommunikations-
  fähigkeit

- Erhöhung von Präsenz und
  Präsentationskraft

- Steigerung der zwischenmenschlichen
  Beziehungsfähigkeit

- Erhöhung der Konzentrations-,
  Organisations- und Visionsfähigkeit

- Steigerung der Lebensfreude

Johannes Galli
Der Clown
als Heiler

Johannes Galli
Die sieben Kellerkinder®
Die Entdeckung der Kraftquelle

Erster Band

Johannes Galli
Die sieben Kellerkinder®
Spiegel der eigenen Kreativität

Zweiter Band

Johannes Galli
Selbst bewußt sein
Das Buch der Übungen

Die Buchtitel sind:

Die Galli Methode® als Konfliktlösung
1. Auflage 2002, 144 Seiten, ISBN 3-934861-50-4

Die Kunst, sich selbst zu präsentieren
1. Auflage 2004, 116 Seiten, ISBN 3-934861-63-6

Körpersprache und Kommunikation
5. Auflage 2008, 88 Seiten, ISBN 3-926032-83-9

Interkulturelle Kommunikation und Körpersprache
1. Auflage 2001, 96 Seiten, ISBN 3-934861-31-8

Der Clown als Heiler
1. Auflage 1999, 80 Seiten, ISBN 3-926032-65-0

Die sieben Kellerkinder® - Erster Band
Die Entdeckung der Kraftquelle
3. Auflage 2008, 112 Seiten, ISBN 3-926032-80-4

Die sieben Kellerkinder® - Zweiter Band
Spiegel der eigenen Kreativität
1. Auflage 2003, 112 Seiten, ISBN 3-934861-52-0

Märchen und Mythen - Sprache der Gefühle
1. Auflage 2002, 184 Seiten, ISBN 3-934861-55-5

Selbst bewußt sein - Das Buch der Übungen
2. Auflage 2008, 168 Seiten, ISBN 3-934861-51-2

Dynamisches Erzählen
1. Auflage 1999, 72 Seiten, ISBN 3-926032-50-2

Kommunikationstheater
1. Auflage 2000, 144 Seiten, ISBN 3-926032-92-8

Tanzmeditationen Band I-III:
I: Bewegung • Schmetterling • Eigener Tanz
1. Auflage 2000, ISBN 3-926032-55-3
II: Mythos Mensch • Tiere
1. Auflage 2000, ISBN 3-926032-12-x
III: Sieben Kellerkinder® • Clown
1. Auflage 2000, ISBN 3-926032-91-x

Galli Script
Die sieben Kellerkinder®

Erster Band:
Die Entdeckung der Kraftquelle

Im ersten Band beschreibt Johannes Galli, wie er die sieben Charaktertypen entdeckt hat, und beschreibt sie ausführlich. Das dynamische Persönlichkeitstypenmodell der sieben Kellerkinder hat mittlerweile in Praxen, Werbeagenturen, Tanzstudios und Managementtrainings Einzug gehalten.

Die sieben Kellerkinder®
Die Entdeckung der Kraftquelle
3-926032-80-4,
112 Seiten, 4. Auflage 2008

Zweiter Band:
Spiegel der eigenen Kreativität

Im zweiten Band werden Fallbeispiele, Kellerkinderaufstellungen und Fotos angeboten, die ein tiefes Arbeiten mit den Kellerkindern ermöglichen und Kraft und Kreativität freisetzen.

Die sieben Kellerkinder®
Spiegel der eigenen Kreativität
ISBN 3-934861-52-0,
112 Seiten, 1. Auflage 2003

CD Tanzmeditation
Die sieben Kellerkinder®

Schreiten Sie tanzend durch Ihre Schattenseiten und erfahren Sie so Ihr verborgenes kreatives Potential.

Die sieben Kellerkinder®
ISBN 3-926032-77-4
42:33 min

Bestellungen

Wenn Sie eine Bestellung aufgeben
möchten, können Sie das:
• direkt im Internet über unseren
  Online-Shop www.galliverlag.de
• per Fax: +49(0)761 - 401 37 54
• per Telefon: +49(0)761 - 401 37 53
• per eMail an verlag@galli.de

Unser Kundenservice ist für Sie von
Montag bis Freitag von 10:00 Uhr bis
18:00 Uhr erreichbar. Außerhalb dieser
Zeiten nimmt ein Anrufbeantworter Ihre
Anfrage entgegen. Wir rufen Sie gerne
zurück.

Versand- und Bezahlinformationen:
Versanddauer: 1-3 Werktage; ins EU
Ausland bis zu 10 Tage.
Bezahlarten: Kreditkarte, Paypal,
Lastschrift, Nachnahme, Rechnung
Versandkosten: je nach Preiskalkulation
der Deutschen Post.
Ab einem Warenwert von € 70,00 ist
die Lieferung frachtfrei.

www.galliverlag.de

Galli Verlag
Haslacher Straße 15
79115 Freiburg
Tel. +49(0)761 - 401 37 53
verlag@galli.de